우연히, 바로 그때!

하나님의 인도하심

우연히, 바로 그때! 하나님의 인도하심

저자 원용일

초판 1쇄 발행 2020. 11. 18.

발행처 도서출판 브니엘
발행인 권혁선

등록번호 서울 제2006-50호
등록일자 2006. 9. 11.

서울특별시 송파구 백제고분로28길 25 B101호 (05590)
마케팅부 02)421-3436
편집부 02)421-3487
팩시밀리 02)421-3438

ISBN 979-11-90308-34-2 03230

독자의견 02)421-3487
이메일 editorkhs@empal.com

북카페 주소 cafe.naver.com/penielpub.cafe
인스타그램 @peniel_books

도서출판 브니엘은 독자들의 책에 관한 아이디어나 원고를 설레는 마음으로 기다리고
있습니다. 책으로 엮기를 원하는 아이디어가 있으신 분은 위의 이메일로 간단한 개요와
취지, 연락처 등을 보내주십시오. 머뭇거리지 말고 문을 두드리세요. 길이 열립니다.

도서출판 브니엘은 갓구운 빵처럼 항상 신선한 책만을 고집합니다.

우연히, 바로 그때!

하나님의 인도하심

평범한 일상에 나타난 비범한 하나님의 뜻과 섭리

원용일 | 직장사역연구소 소장

브니엘

어머니는 결핵으로 사망했고, 지주였던 아버지는 농노들의 원한을 사서 살해당하는 모습을 본 충격으로, 간질을 평생 지병으로 가지고 살았던 한 러시아 사람이 있다. 그는 공병대 장교가 되기도 했으나 사회주의 혁명을 꿈꾸며 비밀조직에 가담했다가 총살형을 선고받았다. 사형 직전에 황제의 특명으로 살아난 후 시베리아로 유형을 가다가 기차가 한 역에 멈췄다. 그때 한 독일 여인이 신약성경 한 권을 그 젊은이에게 주었다. 차라리 사형당하는 게 더 낫다는 수용소생활을 해나가면서 틈틈이 성경을 읽은 그는 결국 그리스도를 만나게 되었다. 수용소생활을 끝내고 돌아와 「가난한 사람들」 「백치」 「죄와 벌」 「까라마조프 가의 형제들」 등의 소설 작품을 남긴 이 사람은 러시아의 대문호 도스토예프스키(Fyodor Dostoevsky)다.

그가 시베리아로 가는 기차에서 한 여인에게 성경을 받지 않았다면, 지금도 문학과 철학 등 인문학을 공부하는 사람들이 그의 전집을 완독하는 로망을 갖는 걸작들을 써낼 수 있었을까? 도스토예

프스키의 인생에서 한 여인이 전해준 신약성경은 일상의 기적이었다. 기차가 멈춘 한 역에서 그 짧은 시간에 마침 전해진 신약성경은 우연처럼 보이지만, 바로 하나님의 섭리였다.

우리 인생에는 이렇게 우연 같았지만 결국 돌아보면 하나님의 섭리와 경륜인 일이 많다. 성경에서도 하나님의 섭리를 찾을 수 있지만 대표적으로 룻기를 통해 확인할 수 있다. 특히 룻기에서는 일터에서 꽃피고 열매 맺은 일상의 기적과 축복을 보여준다.

모압 여인인 과부 룻은 시어머니와 함께 베들레헴으로 왔다. 시모를 부양하기 위해 보리 이삭을 주우러 밭으로 갔다. 그런데 '우연히' 가게 된 곳이 보아스의 밭이었고, '마침' 그때 보아스가 자기 밭에 와서 룻을 만나게 되었다(룻 2:3-4). 룻은 그 보리밭에서 보아스와 만나 '결국' 결혼하게 되었고, 잃었던 집안의 땅을 회복하며 가업을 이어나갔다. 그 후손 중에 다윗 왕이 태어났고, 마침내 그 가계에서 예수 그리스도께서 탄생하게 되었다.

그런데 룻은 자신이 메시아의 조상이 된다는 사실을 알지 못했다. 그저 일상에 최선을 다했을 뿐이다. 그런 룻의 일상 가운데 하나님이 기적을 만들어가셨다. 우연인 것처럼 보이지만 하나님의 섭리가 담긴 은혜가 룻의 인생에 다가왔다. 룻이 경험한 일은 결코 요행이나 행운이 아니었다. 하나님의 최선을 기대하며 룻 역시 자신의 삶의 현장에서 열정을 다 쏟아놓았다. 그저 가만히 앉아서 하나님의 은혜를 기다린 것이 아니라 적극적인 자세로 일하러 나갔다. 일상을 치열하게 살았다. 이런 열정과 노력을 통해 하나님이 일상의 기적이라는 귀한 열매를 맺게 하셨다.

이런 치열한 노력과 열정의 관점으로 룻기를 바라보았다. 모처럼 일터의 테두리를 넘어서는 일상의 관점을 다루고 싶었으나 나의 오랜 직업병은 어쩔 수 없는 듯하다. 룻기에 등장하는 사람들의 일터생활, 직업인의 관점으로 보는 측면들이 눈에 들어왔다. 인생, 선택, 은혜, 계획, 실행, 성취, 유산 등 이 책에서 다루는 주제들을 보면 일터 냄새는 여전히 지배적이다. 하지만 일이야말로 예외 없이 우리 모든 사람의 필연적 과정이자 열매라는 핑계를 덧붙이고 싶다.

주석가 매튜 헨리의 말대로 구약성경에서 유대인이 아닌 이방인의 이름을 딴 유일한 성경이 바로 룻기이다. 이 사실이 바로 나 자신에게도 가능성을 열어준다. 우리에게도 기회가 있다는 뜻이다. 내가 룻이 될 수 있다. 아무리 봐도 대단함은 없고 지극히 평범한 한 사람은 어떤 가치가 있는가? 사소함은 결코 시시함이 아니다. 우연인 것처럼 인도하시는 하나님의 섭리는 다름 아닌 일상을 말한다. 평범한 일상이 역사가 된 놀라운 간증이다. 우리 크리스천들에게는 오늘 하루의 일상이 곧 영원과 관련된 중요성을 갖지 않는가? 오늘 하나님은 우리, 바로 나를 통해 일상의 기적을 만들어가신다. 오늘도 어제와 다를 바 없는 일상을 묵묵히 살아가는 수많은 '룻'이 하나님이 마련하신 귀한 축복과 기적을 경험할 수 있기를 기도한다.

주님의 작은 일꾼(小丁) 원용일

Section 1. 인생

돌
아
감
과

돌
아
옴

──────── 사사들이 치리하던 때에 그 땅에 흉년이 드니라. 유다 베들레헴에 한 사람이 그의 아내와 두 아들을 데리고 모압 지방에 가서 거류하였는데 그 사람의 이름은 엘리멜렉이요 그의 아내의 이름은 나오미요 그의 두 아들의 이름은 말론과 기룐이니 유다 베들레헴 에브랏 사람들이더라. 그들이 모압 지방에 들어가서 거기 살더니 나오미의 남편 엘리멜렉이 죽고 나오미와 그의 두 아들이 남았으며 그들은 모압 여자 중에서 그들의 아내를 맞이하였는데 하나의 이름은 오르바요 하나의 이름은 룻이더라.

그들이 거기에 거주한 지 십 년쯤에 말론과 기룐 두 사람이 다 죽고 그 여인은 두 아들과 남편의 뒤에 남았더라. 그 여인이 모압 지방에서 여호와께서 자기 백성을 돌보시사 그들에게 양식을 주셨다 함을 듣고 이에 두 며느리와 함께 일어나 모압 지방에서 돌아오려 하여 있던 곳에서 나오고 두 며느리도 그와 함께 하여 유다 땅으로 돌아오려고 길을 가다가 나오미가 두 며느리에게 이르되 너희는 각기 너희 어머니의 집으로 돌아가라. 너희가 죽은 자들과 나를 선대한 것 같이 여호와께서 너희를 선대하시기를 원하며 여호와께서 너희에게 허락하사 각기 남편의 집에서 위로를 받게 하시기를 원하노라 하고 그들에게 입 맞추매 그들이 소리를 높여 울며 나오미에게 이르되 아니니이다. 우리는 어머니와 함께 어머니의 백성에게로 돌아가겠나이다 하는지라.

나오미가 이르되 내 딸들아 돌아가라. 너희가 어찌 나와 함께 가려느냐. 내 태중에 너희의 남편 될 아들들이 아직 있느냐. 내 딸들아 되돌아 가라. 나는 늙었으니 남편을 두지 못할지라. 가령 내가 소망이 있다고 말한다든지 오늘 밤에 남편을 두어 아들들을 낳는다 하더라도 너희가 어찌 그들이 자라기를 기다리겠으며 어찌 남편 없이 지내겠다고 결심하겠느냐. 내 딸들아 그렇지 아니하니라. 여호와의 손이 나를 치셨으므로 나는 너희로 말미암아 더욱 마음이 아프도다 하매 그들이 소리를 높여 다시 울더니 오르바는 그의 시어머니에게 입 맞추되 룻은 그를 붙좇았더라. 룻기 1:1~1:14.

'룻기'라는 구약성경 속의 작은 책은 역사서의 틈바구니에 끼어 눈에 잘 띄지 않는다. 한국교회 강단에서는 가정의 달에 주로 아름다운 고부관계라는 주제로 자주 설교되는 정도이다. 길이가 짧은 탓인지 강해설교를 하는 목회자들이 종종 선택하는 책이기도 하다. 네 장으로 구성된 이 룻기는 아름다운 사람들의 일상 속에 담긴 하나님의 오묘한 섭리와 경륜을 잘 보여주고 있다. 룻기를 통해서 인생에 대해 깨닫고 일상 속에 함께하시는 하나님의 은혜와 구원의 역사를 배울 수 있다.

룻기를 인생, 선택, 은혜, 계획, 실행, 성취, 유산이라는 7개의 주제를 중심으로 다루려고 한다. 실행 주제의 정체와 정도를 각각 다루어 8개의 장으로 구성했다. 룻기를 이렇게 일터와 일상의 주제로 살펴보면 세상 속에서 살아가는 한 사람의 인생길에 유익한 가이드가 될 수 있다. 룻과 보아스, 나오미의 삶을 보면 오늘 하나님의 인도하심을 받는 나의 인생이라고 느낄 수 있다. 룻기와 함께 하나님이 함께하시는 인생길을 걸어보자.

인생이 무엇인가

―――――――――― 인생은 무엇인가? 고통을 피해 멀리 돌아가는 인생, 그리고 우여곡절을 겪으면서 다시 돌아오는 인생, 결국 하나님의 섭리와 경륜 아래 있음을 깨닫게 되지 않는가?

1994년 깐느영화제에서 심사위원 대상과 남우주연상을 받은 중국 영화가 있다. 장이모 감독의 영화 〈인생〉이다. 1940년대부터 10년을 주기로 중국 역사에서 이념의 소용돌이가 휘몰아치는 가운데 한 부부가 시대에 적응하는 눈물겨운 모습을 보여준다. 부자로 잘살던 푸꾸이가 마작에 빠져 재산을 탕진한다. 그러자 아내는 아이 둘을 데리고 고향으로 돌아가 버렸다. 대대로 살아온 집과 전 재산을 날린 충격에 아버지도 세상을 떠나셨다. 홀로 남은 푸꾸이는 자신이 자초해 꼬인 인생을 어떻게 풀어나가야 할지 막막했다.

깊은 나락으로 떨어져 처음으로 배고픔을 경험해 본 푸꾸이는 살려고 발버둥치며 노력했다. 그러자 아내가 아이들을 데리고 돌아왔다. 삶의 의욕을 가지게 된 푸꾸이는 평소 술집에 가서 장난기로 참여한 그림자극(광목천 뒤에서 철판으로 만들어진 인형을 조작하며 오페라처럼 꾸미는 극으로 중국의 무협 활극이 주된 내용이다)으로 생계를 유지하려고 한다.

그러나 그 무렵 푸꾸이에게 찾아온 새로운 시대는 사회주의 중국이었다. 푸꾸이는 그림자극을 하며 유랑하다 국민군과 공산군 사이를 오락가락하면서 고생도 많이 했다. 그러다 가까스로 고향으로 돌아온다. 하지만 1950년대에 중국 공산당이 추진한 이른바 '대약진운동'으로 고향은 시끄러웠다. 어머니는 돌아가셨고, 딸은 열병을 앓아 청각장애인이 되었다.

어느 날, 졸려서 학교에 가기 싫어하는 아들을 푸꾸이가 학교까지 업고 데려다준다. '사회주의 정신 점수'가 깎이면 안 되니까 말이다. 아들을 업고 가면서 푸꾸이는 장래 자기들이 잘살게 될 것이라는 희망을 안고 이런 이야기를 나눈다.

"병아리를 키워 팔면 병아리가 커서 거위가 되고, 거위를 키워 팔면 양이 되고, 양은 마침내 황소가 된다."

그러나 아들 유정은 학교에 가서 졸음을 견디다 못해 담 밑에서 잠을 잔다. 그러다가 아버지 친구인 공산당 간부의 차가 후진하면서 담을 무너뜨리는 바람에 깔려 죽고 만다. 그러니 결국 푸꾸이가 사회주의 실천을 위해 아들을 죽음으로 내몬 셈이 아닌가?

시간은 흘러 청각장애인인 딸은 지체장애인인 청년을 만나 결혼을 한다. 딸이 첫 아이를 낳을 무렵에는 1960년대로 중국 대륙을 뒤흔든 문화혁명이 한창인 때였다. 영화 〈패왕별희〉에서 그려진 문화혁명이 원색적이고 무시무시했다면, 영화 〈인생〉에서 장이모가 그리는 문화혁명은 마치 코미디와 같았다. 원로들은 학계나 의료계 등 사회 전 분야에서 거의 숙청된다. 혁명사상으로 무장한 신세대가 등장하는데 푸꾸이의 딸이 아이를 낳을 무렵 병원의 형편도 그랬다. 권위 있는 전문의들은 비판받아 쫓겨나고 경험 없는 간호사들이 병원을 접수하다시피 했다.

그래서 그 동네의 공산당 핵심멤버인 사위가 손을 써서 숙청되어 비판받던 한 늙은 의사를 불러 놓았다. 하지만 딸 봉하가 아이를 낳고 하혈이 심했는데, 그런 일을 방지하기 위해 몰래 데려다 놓은 늙은 의사는 며칠을 굶었다가 푸꾸이가 사준 만두를 많이 먹고 배가 불러 꼼짝도 못하는 것이었다. 결국 딸은 그렇게 어처구니없이 죽는다. 그때 푸꾸이가 배고픈 의사에게 '배 속에 들어가고 물을 마시면 두 배로 불어나는' 만두만 주지 않았다면 딸은 그렇게 허무하게 죽지 않았을 것이다. 그놈의 만두가 뭔지!

결국 푸꾸이는 아들도, 딸도 모두 사회주의 때문에 잃고 말았다. 푸꾸이 자신이 자식들을 죽게 했다. 그런 인생에 무슨 희망이 있는가? 세월이 또 흘러서 영화의 마지막 장면은 1970년대로 중국이 자본주의를 수용하여 변화를 모색하는 시기이다. 사위가 아들과 함께 푸꾸이 아내의 생일에 찾아왔다.

죽은 딸의 무덤에 가서 성장한 손자(이름을 '만두'라고 지었다)의 사진을 보여주고 오는 길에 병아리를 몇 마리 사서 왔다. 거기서 또 푸꾸이는 그 문답을 한다. 병아리가 거위가 되고, 거위가 양이 되고, 양이 황소가 된다는 것. 손자가 황소가 크면 뭐가 되는지 물었다. 푸꾸이가 정답인 '사회주의'라고 말해야 하는데 아내가 남편의 말을 가로챈다.

"그다음엔 너도 어른이 되는 거야."

손자가 "그러면 내가 어른이 되면 소를 타고 다니나요?"라고 묻자 푸꾸이가 대답한다.

"아니, 네가 어른이 되면 비행기나 기차를 타고 다닐 거야. 그때가 되면 세상 살기가 지금보다 더 나아질 테니까."

몸이 아파 침대에 누워 있는 아내가 말한다.

"이 병아리가 소가 될 때쯤이면 우리 만두도 커서 어른이 되어 있을 거야. 그러면 만두가 그 소를 몰고 농사도 짓고 타고 다닐 수도 있을 거야."

그들에게는 그런 희망이 있었다. 이 영화의 중국어 제목은 〈활착〉(活着)이다. "삶을 끈질기게 유지한다." 그것이 바로 인생이라는 뜻이 담겨 있다. 우리는 어떤 인생길을 걸어가는가? 가요의 노랫말들을 보면 "인생은 어디서 왔다가 어디로 가는지 알지 못하는 나그

네 길"이라고도 하고 "인생은 미완성, 쓰다가 말은 편지"라고 노래하기도 한다.

돌아가는 인생,
엘리멜렉

———————— 그러면 룻기에서 말하는 인생은 무엇인가? 룻기 1장 1~14절의 내용을 중심으로 살펴보자. 룻기는 이렇게 시작된다. "사사들이 치리하던 때에 그 땅에 흉년이 드니라. 유다 베들레헴에 한 사람이 그의 아내와 두 아들을 데리고 모압 지방에 가서 거류하였는데"(1:1). 그리고 2절에서 말하는 이 가족의 이름은 엘리멜렉, 나오미, 말론, 기룐이다. 이 이름의 뜻을 살펴보면 이들의 인생을 대략 짐작할 수 있다. 엘리멜렉(하나님은 나의 왕), 나오미(기쁨, 즐거움, 행복), 말론(질병, 불임, 단종), 기룐(연약, 파멸, 작은 그릇).

하나님을 자신의 왕이라고 고백하는 한 사람이 있었다. 세상 속에 살아가는 하나님의 백성으로서 신앙을 고백하는 한 가정의 평범한 가장이라고 할 수 있다. 그 가장이 인생의 기쁨과 행복을 추구하는데, 그 아들들의 이름은 '질병'과 '연약함'이었다. 행복을 기대하기에는 뭔가 석연찮은 고통과 모순과 부조리가 암시된다.

그런데 이런 모습이 바로 우리네 인생이 아닌가! 하나님을 향한 고백이 있고 바라는 인생의 목표와 성취하려는 목적이 있지만 현실은 그리 녹록치 않다. 애써 다른 사람들을 생각하지 않아도 바로 우리 자신의 인생임을 알 수 있다.

성경이 자세하게 묘사하지 않지만 이 사람들의 삶을 조금 더 깊이 상상해보자. 사사가 치리하는 시대에 이스라엘 땅에 흉년이 들었다. 사람들이 힘들게 살아가는데 베들레헴에 살던 엘리멜렉이라는 사람이 가족들을 데리고 모압 땅으로 이주하게 되었다. 모압 땅은 이스라엘 땅의 사해 건너 동쪽에 위치해 있다. 사해 북쪽으로 빙 돌아서 요단강을 건너야 갈 수 있다. 모압 땅의 중심부까지는 80여 킬로미터쯤 되는 거리였다. 하지만 모압 땅의 북쪽 고원지대에 있는 모압 평지로 갔다면 40여 킬로미터 정도의 거리였다. 그곳이 기근에도 영향을 덜 받는 곳이었다고 하니 아마도 엘리멜렉의 가족은 모압 평지로 갔을 가능성이 높다. 그 정도 거리라면 가볍게 걸으면 하루 반나절이면 도착할 만한 여정이었다. 경사진 곳이 많고 무거운 이삿짐이 있었음을 감안하더라도 2~3일, 혹은 길어야 4~5일 안에는 도착할 만한 여정이었다.

그런데 엘리멜렉 가정의 모압 행(行)에 대해 어떻게 생각하는가? 현대적 표현으로 이야기해보면 엘리멜렉 가정은 '기술 이민'을 떠난 것인가? 아니면 '투자 이민'을 떠난 것인가? 물론 '피난민'은 아니었다. 우리가 상상해볼 수 있다. 그러면 엘리멜렉의 모압 행이 세상으로 돌아가는 위험한 선택을 한 것인지, 그렇지 않은지를 확인할 수 있다.

한번 생각해보자. 흉년이 들었다고 모든 베들레헴 사람이 다 고향을 떠났거나 이민을 간 것은 아니었다. 그 땅은 본래 건조한 기후

였고, 하늘에서 내리는 비에 의존해 농사를 짓는 상황이었다. 흉년은 그들이 종종 경험하는 일이었다. 그런데 흉년이 와도 어려움을 참고 지내다 보면 풍년이 드는 해도 있지 않았겠는가? 농사가 그렇듯이 인생사나 경제는 고점과 저점을 반복하는 사인곡선을 그리기 마련이다. 좋은 때가 있는가 하면 좋지 않은 때가 있고, 활황이 있는가 하면 불황도 있다. 그런데 엘리멜렉은 흉년이 들었을 때 그렇게도 쉽게 이민을 떠날 결심을 했을까? 그 정도로 심각한 기근이 들었던 것일까?

우선 자신이 사는 땅에 극심한 기근이 들었으면 신앙적으로 상황을 판단해야 한다. 하나님이 이스라엘 백성들에게 주실 메시지가 있음을 깨닫고 그것을 읽으려고 노력해야 했다. 물론 오늘 우리의 잣대로만 판단할 상황은 아니다. 그러나 엘리멜이 좀 성급했다는 느낌은 떨칠 수가 없다. 성경 속 인물들이 모압으로 이주해간 경우는 그리 많지 않으나(나중에 룻의 증손자인 다윗이 망명시절에 모압으로 피해간 적이 있다. 삼상 22:3 참조) 기근을 피해서 애굽으로 갔던 경우는 자주 있었다.

대표적으로 창세기에 나오는 족장들이 기근의 때에 애굽으로 이주한 경우가 많았다. 아브라함은 팔레스타인 땅에 있을 때 기근이 들자 애굽으로 떠났다(창 12:10). 하나님이 애굽으로 가라거나 가지 말라고 말씀하신 기록은 성경에 없다. 애굽으로 가면서 아브라함에게 걱정이 생겼다. 그래서 애굽에서 자기 아내를 누이라 하자고 제안해서 그렇게 했다. 아내의 미모로 인해 자신이 목숨을 잃을까봐 거짓말을 통해 위기를 모면하려고 했다. 결국 아브라함은 아내를 애굽 왕 바로에게 빼앗겼다가 찾아오는 큰 낭패를 겪었다(창 12:10-20). 이렇게 아브라함은 흉년이 들었을 때 애굽 행을 택해 좋지 않은 경험을 했다.

이삭 때에도 아브라함 시대의 흉년 이후 큰 흉년이 찾아왔다. 그때 이삭은 그랄 지방으로 옮겨갔다. 블레셋 왕 아비멜렉이 다스리는 땅이었다. 그때 아마 이삭이 애굽으로 가는 길을 모색했던 것 같다. 그런데 하나님이 이삭에게 나타나 애굽으로는 가지 말라고 하셨다. 그래서 이삭은 하나님이 지시하시는 그랄 땅에 거주했다. 거기서 하나님이 이삭에게 복을 주셨는데, 농사를 지어 소출을 백 배나 거두기도 했다(창 26:1-12). 이삭은 애굽으로 내려가지 않아서 복을 받는 경험을 했다.

야곱도 흉년의 때에 애굽으로 이주하는 일로 고민했다. 애굽에 팔려갔던 요셉이 열 명의 형들과 베냐민 앞에서 자신의 정체를 밝힌 후 요셉은 아버지를 애굽으로 초청했다. 애굽으로 길을 떠났는데 아브라함과 이삭 때부터 유서 깊은 곳 브엘세바에 이르렀을 때 하나님이 야곱에게 나타나셨다. 아마도 기근의 때에 애굽으로 갔던 할아버지 아브라함과 가지 말라고 해서 가지 않은 아버지 이삭의 정반대 상황으로 인해 야곱은 애굽 행을 주저했을 듯하다. 그런데 하나님이 밤중에 이상 중에 야곱에게 나타나 말씀하셨다. "나는 하나님이라. 네 아버지의 하나님이니 애굽으로 내려가기를 두려워하지 말라. 내가 거기서 너로 큰 민족을 이루게 하리라. 내가 너와 함께 애굽으로 내려가겠고 반드시 너를 인도하여 다시 올라올 것이며 요셉이 그의 손으로 네 눈을 감기리라"(창 46:3-4). 그 말씀대로 애굽에 내려간 야곱은 후손들이 큰 민족을 이루게 하여 다시 약속의 땅으로 돌아오는 초석을 마련했다. 큰 민족을 이루고 세상 사람들을 복되게 하겠다는 아브라함의 언약을 야곱이 애굽으로 가서 계승할 수 있었다.

요셉은 어땠는가? 아예 일찌감치 노예로 팔려서 애굽으로 끌려 갔다. 그곳에서 애굽과 팔레스타인에 임한 큰 흉년의 때에 사람들을 살려내는 해결사의 역할을 하는 총리가 되었다. 흉년이 들어 애굽으로 가는 고민을 한 것이 아니라 아예 애굽과 세상의 흉년을 해결하는 역할을 했다. 요셉은 이렇게 애굽으로 가서 큰 복을 받는 경험을 했다.

살펴본 대로 흉년의 상황에서 약속의 땅을 벗어나 이주하는 일을 언제나 잘못이거나 언제나 옳다고 단정할 수 있는 것은 아니다. 그렇더라도 우리는 엘리멜렉의 모압 행에 대해 생각해봐야 한다. 성경은 간단히 묘사하지만 우리는 행간을 읽을 수 있다.

엘리멜렉의 모압 행은 꽤 많은 재산을 가지고 있었기에 가능했다고 볼 수 있다. 여행 경비도 꽤 있어야 하고, 또한 생계를 잇지 못할 정도로 가난한 사람이 외국에 나가서 생활하겠다고 결심하기란 쉽지 않았다. 그리고 나중에 엘리멜렉이 죽은 후 나오미가 아들 둘을 모압 여인들과 결혼시키는 것을 보아도 일정한 경제적 능력을 가지고 있었다고 볼 수 있다. 적어도 엘리멜렉의 집안은 이방 땅에서 결혼지참금을 지불하고 아들 둘을 결혼시킬 수 있을 정도의 경제력을 가지고 있었다고 볼 수 있다. 더구나 신부들의 부모 입장에서 생각해보면 가장이 세상을 떠난 외국인의 아들들에게 시집보내는 일이 그리 쉽지 않았음이 틀림없다.

이런 점들을 고려하면 엘리멜렉은 '기술 이민'보다는 '투자 이민'을 갔다고 생각할 수 있다. 결국 생계를 유지할 방법이 없어서 안타깝게 이민을 결심한 것이 아니라 재산을 가지고 있으면서 그 재산의 손실을 많이 보지 않으려고 이민을 결심한 듯하다. 혹은 기근이 든 베들레헴을 벗어나 기회가 주어진 땅으로 가면 전화위복으로 큰 성공을 거둘 수도 있겠다고 기대하면서 모압 행을 택한 것으로 보인다.

더구나 당시는 지파와 혈연을 중심으로 종족이 함께 생활하는 대가족 구조가 일반적이었다. 살기가 너무 힘들어서 떠난다고 하여 가장 가까운 혈연인 아내와 두 아들만 데리고 기근을 피해 떠날 수 있겠는가? 엘리멜렉의 결정은 가까운 친지들도 고려하지 않은 도피적이고 이기적인 선택이었다고 볼 수 있다. 그렇다면 엘리멜렉의 결정은 너무 쉽게 세상으로 돌아가는 방법을 택한 것이 아닌가?

구약성경을 보면 하나님은 때로 하늘을 닫고 비를 내리지 않으셨던 경우가 있다. 악한 왕의 대명사였던 아합 왕이 이스라엘을 다스릴 때도 3년 넘게 비가 오지 않은 적이 있었다(왕상 17:1, 18:1). 그때 필요한 것은 하나님이 왜 하늘을 닫으셨는지 하나님께 구하고 지적하시는 잘못을 회개하는 일이었다. 백성들을 향한 하나님의 메시지가 기근 속에 담겨 있었다. 엘리멜렉이 이민을 결정했던 기근도 마찬가지였다. 아마도 엘리멜렉은 당시 베들레헴에서 보아스와 같은 유력한 사람들 중에 하나였을 듯한데, 이때 더욱 하나님의 음성을 듣기 위해 노력해야만 했다.

아모스 선지자가 지적했다. "주 여호와의 말씀이니라. 보라. 날이 이를지라. 내가 기근을 땅에 보내리니 양식이 없어 주림이 아니며 물이 없어 갈함이 아니요 여호와의 말씀을 듣지 못한 기갈이라"(암 8:11). 그러면 말씀의 기갈 문제를 어떻게 해결해야 하는가? "사람이 이 바다에서 저 바다까지, 북쪽에서 동쪽까지 비틀거리며 여호와의 말씀을 구하려고 돌아다녀도 얻지 못하리니 그날에 아름다운 처녀와 젊은 남자가 다 갈하여 쓰러지리라. 사마리아의 죄된 우상을 두고 맹세하여 이르기를 단아 네 신들이 살아 있음을 두고 맹세하노라 하거나 브엘세바가 위하는 것이 살아 있음을 두고 맹세하노라 하는 사람은 엎드러지고 다시 일어나지 못하리라"(암 8:12-14). 우상을 두고 맹세해서는 결코 하나님이 결핍의 현장을 통해 던지시는 메시지를 발견할 수 없다. 엘리멜렉도 이 기근의 문제를 놓고 하나님께 나아갔어야만 문제가 해결될 수 있었다.

아마도 하나님은 하나님의 백성들이 위기의 때에 회개하고 돌이키며 하나님이 기뻐하시는 선택을 하기를 바라셨을 것이다. 그런데 그들은 그렇게 하지 않았다. 엘리멜렉도 마찬가지였다. 세상의 기준으로 볼 때 사람들이 흔히 그러하듯이 수입이 줄어도 살림살이 규모나 기준을 낮추기는 힘들다고 판단한 것일까? 이것은 세상으로 너무 쉽게 돌아간 것이라고 볼 수 있다.

우리는 힘들고 어려운 상황 속에서 새로운 선택을 너무 쉽게 하는 경향이 있다. 우리가 머물고 있는 곳에서 불편하고 힘들어지고 일이 잘 안 되면 떠날 것을 고려한다. 그 일터가 변화되는 것보다는 내가 이직하는 방법을 선택한다. 나의 교회가 변화되고 부흥하는 것보다 새 교회를 찾아간다. 내 가정의 십자가를 지고 문제를 풀어볼 생각보다 이혼법정으로 간다.

어려운 상황을 통해 메시지를 주시는 하나님이 너무나 안타까워하신다. 그 상황을 변화시키고 그곳을 새롭게 하기 위해 그 사람을 거기에 두셨는데, 상황을 피해 도망가는 모습에 하나님이 괴로워하신다. 누구보다, 어떤 다른 사람보다 먼저 나 자신에게서 변화가 시작되면 진정한 부흥이 가능해질 수 있다. 엘리멜렉이 그런 기회를 너무 쉽게 저버린 게 아닐까 생각해본다.

또한 엘리멜렉이 죽은 후 나오미가 아들들을 모압 여인과 결혼시킨 것도 우리가 신앙적 판단을 해볼 필요가 있다. 아마 나오미도 깊이 고민하지 않은 것 같다. 아들들을 결혼시키기 위해서라도 다시 이스라엘 땅으로 돌아올 수 있지 않았을까? 2, 3일 혹은 4, 5일 길이 그렇게도 멀었을까? 잘살아 보겠다고 고향과 고국을 떠나 모압으로 이주했는데 남편이 덜컥 세상을 떠났으니 고향으로 돌아올 염치와 면목이 없었을 수도 있다. 그래서 어쩔 수 없이 이방 땅에서 자식들을 이방 여인들과 결혼시켰는지도 모르겠다. 남편의 죽음 이후에도 나오미는 고향으로 돌아올 생각을 하지 않았다. 그들은 세상으로 돌아간 인생을 살았다.

성경에서 묘사하는 단어를 봐도 그렇다. 1절을 보니 엘리멜렉의 가족이 모압 지방에 가서 "거류하였다"(sojourn, KJV)고 한다. 또한 '지방'이 원문 성경에는 복수로 되어 있는데, 그곳 한 곳만이 아니라 양식을 찾아 여러 곳으로 여기저기 돌아다니며 살 계획을 세운 것으로 보인다. 2절에 보니 그들이 모압 지방에 들어가서 "거기 살더니"(continue, 히브리어 바이흐유)라고 기록한다. 그들이 거기 모압 지방에 계속 있었다는 뜻이다.

그런데 4절에는 "거주했다"(dwell, 히브리어 바예이슈브)고 한다. 이것은 그들이 거기서 터를 잡고 살았다는 뜻이다. 그들이 이스라엘 땅으로 돌아가려는 생각을 아예 접었다는 뜻이다. 그렇게 해서 10년이란 세월이 흘렀다. 잠시 기근을 피해서 왔더라면 그렇게 오래 머물 이유는 없었는데 그들은 그만 엉덩이가 너무 무거웠다. 아마도 곧 돌아가리라 기대했으나 차일피일 미루다가 주저앉고 말았을 듯하다. 인생이 그렇게 내 마음대로 되지 않는다. 엘리멜렉의 가족들은 세상으로 돌아가서 하나님 사람의 정체성을 드러내지 못했다. 그들은 격리되지는 않았으나 세상 사람들과 구별되지도 못했다. 세상 사람들과 함께하면서 동화된 삶을 살았다. 동화되지 말고 세상에 적응하는 삶을 살아야 했는데, 그러지 못했다.

오늘날도 많은 크리스천이 세상에 살아가면서 크리스천의 정체성을 잃고 사는 안타까운 경우가 많다. 하나님의 자녀이자 세상과는 다른 가치관을 지니고 사는 믿음의 사람으로서 뭔가 다른 판단을 할 수 있어야 하는데, 그것이 귀찮거나 복잡하다고 생각해서 포기하고 만다. 물론 세상에서 격리되지도 않으면서 동화되지 않는 삶을 살기는 쉽지 않다. 세속적 사고방식과 차별화된 성경적 세계관을 가지고 세상에서 살아가는 일은 결코 쉽지 않다. 하지만 우리는 믿음을 가지고 세상 속에서 정체성을 드러내기 위해 부단히 노력해야 한다.

더구나 엘리멜렉이 내려간 땅 모압에는 그모스 신이 있었다. 동일한 신을 암몬 사람들은 몰렉이라고 불렀다. 이 둘은 같은 신이다. 그런데 이 그모스 신은 자식들을 제물로 바치는 제사를 요구했다. 레위기에서도 "너는 결단코 자녀를 몰렉에게 주어 불로 통과하게 함으로 네 하나님의 이름을 욕되게 하지 말라. 나는 여호와이니라"(레 18:21)고 하면서 몰렉 신을 경계했다(레 20:2-5). 왕정시대에도 솔로몬 왕의 우상 숭배를 표현할 때 대표적으로 모압의 가증한 그모스 신과 암몬의 가증한 몰록(몰렉) 신을 위한 산당을 지은 것을 지적하고 있다(왕상 11:7). 예레미야 선지자도 바알의 산당을 건축한 일과 아들딸들을 몰렉 앞으로 지나가게 한 일을 지적하며 우상 숭배를 꾸짖었다(렘 32:35).

그런 치명적인 우상 숭배가 만연한 모압으로 이민을 떠났던 엘리멜렉이 자신도 죽고 아들 둘을 다 잃었다. 죄에 대한 하나님의 징계가 늘 그렇게 직선적인 것은 아니라서 단언하긴 힘들지만 엘리멜렉의 아들 둘이 다 죽은 것은 세상으로 돌아간 잘못에 대한 하나님의 징계가 아니었을까? 자식을 제물로 바치는 우상 숭배를 강요하는 그모스 신을 섬기는 모압 땅으로 가서 그렇게 아들 둘을 다 잃었으니 말이다. 엘리멜렉의 아들들의 죽음에 담긴 이런 상징도 읽어볼 수 있다.

그렇게 해서 결국 이 집안의 남자 셋이 다 죽고, 여자 셋만 남게 되었다. 나오미와 모압 며느리들인 룻과 오르바였다. 셋만 남게 된 과부들의 존재가 세상으로 돌아간 엘리멜렉의 딱한 인생을 잘 보여준다.

돌아오는 인생,
나오미

──────────── 한편 엘리멜렉의 아내였던 나오미는 당연히 절망했겠지만 결코 포기하지는 않았다. 믿음으로 결단했다. 하나님의 품으로 돌아오는 결심을 했고 실천했다. 베들레헴, 약속의 땅, 함께 하나님을 믿는 사람들이 있는 고향으로 돌아올 결심을 한 것은 세상으로 돌아갔던 삶을 회개하는 것이었다. 나오미의 돌아오는 회개가 어떻게 이루어지고 있는가? 남편과 아들들이 다 죽고 홀로 남아 이방인 며느리들과 살아가야 하는 나오미를 자세히 살펴보자.

먼저 나오미는 고국의 소식에 귀를 기울이고 있었다는 점이 이채롭다. 고국에도 하나님이 은혜를 베풀어주셨다는 소문을 나오미가 들었다. 이스라엘 땅을 오가는 사람들의 입을 주목하고 있었으니 소문을 들을 수 있었다. "여호와께서 자기 백성을 돌보시사 그들에게 양식을 주셨다"(1:6)는 소식을 듣고 나오미는 다시 이스라엘로 돌아갈 결심을 했다. 회개하고 돌이켰다. 10년 전 고국을 떠나 그곳 모압에 주저앉았지만 이제 돌이키겠다고 결심했다.

또한 나오미는 계대(繼代)결혼을 통한 회복을 염두에 두고 있었다. 며느리들을 돌려보내려 하면서 자기가 그 나이에 다시 계대결혼을 통해 아이를 낳는다고 해도 그때까지 기다리기 힘들다고 말했다(1:12-13). 계대결혼은 형제가 자식 없이 죽으면 다른 형제가 죽은 형제의 아내에게 대를 이어주는 제도를 말한다(신 25:5-10). 그렇게 다른 형제가 낳아준 첫아들을 통해 죽은 형제의 대를 잇도록 하는 것이다. 이 계대결혼을 나오미가 실제로 시행하겠다는 뜻은 아니었지만 율법에 대한 기억을 가지고 있으니 돌아오는 삶의 동기가 되었다. 돌아오는 인생의 길을 선택한 나오미는 이렇게 말씀을 잊지 않고 기억하고 있었다.

또한 나오미는 며느리들의 장래를 생각하는 자상한 시어머니이기도 했다. 며느리들을 "내 딸들아"라고 부르면서 친근한 어머니처럼 그들의 미래를 위해 진정으로 염려해주었다. 그저 건성으로나 인사치레로 며느리들에게 돌아가라고 말하는 것이 아니라 진심을 담아 반복하면서 돌아가기를 권하고 있다(1:11-15).

이렇게 나오미는 하나님의 신실한 언약을 기대하며 돌아갈 준비를 하고 있었다. 며느리들을 다 돌려보내고 자신만 돌아가면 정말 인생의 실패자가 되어 귀향하는 것이었지만 그 모든 일 가운데 하나님이 함께하심을 확신했다. 자신의 인생을 향한 하나님의 뜻에 수긍하며 돌아오는 하나님의 자녀를 하나님이 버리지 않고 거두어주실 줄 확신하고 있었다.

나오미가 고통스럽고 힘든 상황 가운데서도 언약의 하나님을 기억하고 있었다는 사실은 매우 중요하다. 언약의 하나님은 그분이 세우신 언약에 신실하신 분이다. 더구나 고통받고 소외된 자를 향한 하나님의 언약에 신실한 하나님의 속성을 잘 나타내 보여주셨다.

고통받는 영혼을 향한 하나님의 언약에 대해 이스라엘 국가의 언약이 시작된 아브라함의 가정에서 찾아볼 수 있다. 아브라함은 "땅의 모든 족속이 너로 말미암아 복을 얻을 것"(창 12:3)이라는 언약을 약속받았다. 이스라엘 민족뿐만 아니라 세상 모든 하나님의 백성에게 언약의 아버지가 되는 아브라함이었다. 그러나 아브라함의 가족사에는 한 곁가지이고 떳떳하지 못했던 사건이 있었다. 그런데 그 속에도 하나님의 신실하신 언약의 흔적을 우리가 찾아볼 수 있다.

아브람이 언약을 받고 그의 아내 사래와 함께 하란을 떠났을 때 사래의 나이는 65세였다. 그러나 이후 10년이나 지났지만 사래는 아이를 낳지 못했다. 그러자 사래는 애굽 여인인 몸종 하갈을 남편에게 첩으로 주었다(창 16장). 당시 근동지방의 풍습을 그대로 따랐다. 그렇게 해서 아이를 낳으면 그 아이가 주인인 사래의 아이가 될 줄 알았다. 그러나 그렇게 되지 않았다. 하나님이 주신 약속은 사래를 통해 큰 민족을 이루는 방법이었다.

하갈은 자신의 잉태를 알고 난 후 여주인 사래를 멸시했다. 결국 하갈은 사래에게 구박을 받으며 쫓겨나게 되었다. 도망가는 하갈이 광야의 한 샘 곁에 있을 때 하나님의 사자가 나타나 이렇게 질문한다. "사래의 여종 하갈아 네가 어디서 왔으며 어디로 가느냐?" 이 질문은 하나님이 하갈을 통해서도 놀라운 역사를 이룰 준비를 하고 계셨음을 보여준다.

이 질문에 하갈이 대답했다. "나는 내 여주인 사래를 피하여 도망하나이다." 그렇게 자신의 처지를 한탄할 수밖에 없었다. 그러나 하나님의 사자는 이때 하갈이 어떻게 행동해야 할지 알려주면서 하갈에게 중요한 약속을 전한다. 일단 하갈은 여주인에게로 돌아가 사래에게 복종하면서 아들을 낳아야 했다. 그 아들을 통해서 한 민족을 이루고 번성하게 하실 것임을 하나님은 약속하셨다(창 16:9-10).

이렇게 하나님은 주인에게 쫓겨난 딱한 애굽 여인의 고통도 외면하지 않으셨다. 하갈이 낳을 아들의 이름을 '이스마엘'이라고 하였는데, "하나님이 들으신다"는 뜻이다. 하갈은 주인에게 쫓겨나는 힘들고도 중요한 경험을 하고는 하나님에 대해 깨달았다. 그래서 그 샘을 '브엘라해로이'라고 불렀다. "나를 살피시는 분, 살아계신 하나님의 우물"이라는 뜻이다(창 16:13-14). 하나님은 이렇게 연약하고 딱한 여인의 고통에도 귀를 기울이시는 분이다. 하갈의 딱한 인생을 통해서도 하나님의 신실하신 언약은 빛을 발하고 있다. 아마도 나오미는 이렇게 연약하고 고통받는 자에게도 신실하셨던 하나님의 언약을 기억하고 있었을 듯하다.

우리의 인생에서 하나님에게 돌아오기는 너무나도 중요한 문제이다. 신약성경에서 돌아오는 삶의 대표적인 이미지는 예수님이 말씀하신 '돌아온 탕자의 비유'라고 할 수 있다. 그 내용은 많은 목회자에게 감동을 주어 복음의 메시지로 자주 전해진다.

전에 사목으로 섬기던 회사가 공장을 이전하는 바람에 새로운 예배 설교자를 모셔야 했다. 그래서 그 지역 여러 교회의 목사님들을 초청하여 한 주씩 설교를 부탁한 적이 있다. 3주가 지났는데 급히 담당자에게 연락이 왔다. 오시는 목사님들께 설교를 '돌아온 탕자' 이야기 말고 다른 말씀으로 전해달라는 부탁이었다. 직장예배에 설교하러 오신 목사님들이 다 탕자의 비유를 본문으로 설교했던 모양이다. 믿지 않는 사람들이 함께 있는 직장예배에서 전하는 메시지로 목회자들이 탕자의 비유를 선호할 수 있음을 그때 알게 되었다.

또한 이 비유는 예술 작품의 소재가 되기도 한다. 네덜란드의 화가 렘브란트가 그린 〈탕자의 귀향〉(The Return of the Prodigal Son, 1669)이라는 유화가 있다. 그 그림을 사제이자 신학자였던 헨리 나우웬이 감상하고 묵상했다. 처음에는 복사된 그림을 보았으나 나중에 실물 그림이 있는 러시아의 생페테르스부르크로 가서 며칠에 걸쳐 여러 차례 그림을 바라보고 생각한 후 한 권의 책을 썼다. 그림의 제목인 「탕자의 귀향」(글로리아 펴냄, 203-210쪽)이라는 책이다.

여러 내용을 다루고 있는데, 특히 비유 속의 아버지를 묵상하는 부분이 있다. 그림 속 탕자 아버지의 '손'을 주목하고 있다. 이전에는 몰랐으나 이 책을 본 후 다시 렘브란트의 〈탕자의 귀향〉을 자세히 살펴보았다. 그랬더니 무릎을 꿇은 아들의 어깨에 손을 얹어 맞이하고 있는 아버지의 두 손이 좀 달라 보였다. 아버지의 왼손은 투박한 남성의 손이었다. 평생의 연륜과 노동의 강도를 반영한 듯한 거친 남성의 손이었다. 또한 손을 좍 펴고 있는데 손가락들에 힘이 들어가 있었다. 그런데 아버지의 오른손은 섬세한 여성의 손과 같아 보였다. 손가락도 왼손보다는 길어 보였고, 오른손의 모양새가 왼손과는 사뭇 달라 보였다. 무엇을 의미하는가?

헨리 나우웬은 죄인들의 돌아옴을 환영하는 하나님의 사랑은 아버지이면서 동시에 어머니의 사랑을 담고 있다고 묵상한다. 그림에서 아버지는 남성의 손과 여성의 손으로 아들을 용납하며 어루만지고 있다. 돌아오는 사람들, 그들에게 하나님은 아버지가 권위 있게 아들을 받아들이고 결정하는 리더십을 통해 안심하게 하신다. 또한 예수님의 비유 속에는 전혀 등장하지 않지만 어머니가 베풀어주는 따뜻하고 섬세한 사랑으로 아들을 맞아주고 있다고 해석한다. 그것을 어머니의 손 같아 보이는 오른손이 반영하고 있다. 아버지와 어머니의 사랑으로 받아들이는 용서를 체험하며 탕자는 평안과 은혜를 얻을 수 있었다고 헨리 나우웬은 묵상하고 있다. 하나님은 그분의 자녀가 세상에서 돌아오면 이렇게 아버지와 어머니의 사랑으로 맞아주신다.

돌아가는 오르바,
돌아오는 룻

────────── 룻기 1장은 엘리멜렉과 나오미의 상반된 결심뿐만 아니라 나오미의 두 며느리 오르바와 룻을 통해서도 인생에 대해 대조적인 선택을 하는 모습을 보여준다. 처음에는 이스라엘로 돌아오는 길에 동행했지만, 결국 오르바는 고국 모압으로 돌아갔다. 하지만 룻은 시어머니 나오미와 함께 베들레헴으로 돌아왔다.

고향 베들레헴으로 돌아올 결심을 한 나오미는 처음에는 두 며느리들을 함께 데리고 돌아오는 길을 출발했다. 두 며느리가 동행에 동의했다. 그런데 아마도 국경이 가까웠을 무렵이었다. 나오미가 며느리들에게 돌아가라고 했다. 돌아가서 새 가정을 꾸려 남편의 위로를 받으라고 권했다. 나오미는 살아갈 날이 많이 남은 젊은 며느리들에게 새로운 길을 찾으라면서 돌려보냈다.

나오미의 권유는 건성이거나 예의상 해보는 말이 아니었다. 여러 번 반복하는 것을 보면 드러난다. "너희 어머니의 집으로 돌아가라"(8절), "내 딸들아 돌아가라"(11절), "내 딸들아 되돌아가라"(12절). 세 번이나 반복해서 돌아가라고 했다. 유대교 문서에는 이방인이 개종할 때 세 번은 권유해야 함을 강조한다. 며느리들이 베들레헴으로 돌아오는 것은 신앙적 개종을 의미하기에 나오미가 이렇게 세 번이나 단호하게 돌아가라는 권면을 했다고 할 수 있다. 오르바가 돌아간 후에도 나오미는 룻에게 또다시 "너도 너의 동서를 따라 돌아가라"(15절)고 권했다. 정말 신앙적인 결단을 했는지 나오미는 그렇게 룻에게 확인했다.

그런데 처음에는 두 며느리가 다 울며 자신들은 모압으로 돌아가지 않겠다고 했다. 어머니와 함께 어머니의 백성에게로 돌아가겠다고 우겼다. 그런데 시어머니 나오미의 설득에 결국 오르바는 모압으로 돌아가는 결정을 했다. 우리가 오르바에 대해서 어떻게 평가할 수 있는가? 계속되는 권면에도 결국 어머니를 좇아 이스라엘로 돌아온 룻과 비교하면 형편없는 사람이었는가?

그렇지는 않다. 이 여인 오르바는 예의 없는 사람이 아니었다. 막무가내로 고집 부리는 며느리도 아니었다. 시어머니가 돌아가라고 강권해도 울며 거절할 줄 알았다. 인륜도 아는 사람이었다. 어머니를 모시고 따르겠다는 결심을 가지고 있었다. 한편 오르바는 자신의 미래를 생각하는 사람이었다. 틀림없이 저울질을 해보고 결정했다. 오르바는 자기 고국에 있는 가족들도 사랑하는 사람이었다. 실리를 따져 자신의 미래를 결정하는 사람이기도 했다. 만일 한 여성이 "과부가 되든지 이혼을 당하든지 자식이 없이 그의 친정에 돌아와서 젊었을 때와 같으면 그는 그의 아버지 몫의 음식을 먹을 것"(레 22:13)이라고 한 율법을 오르바가 알고 있었을 수도 있다. 그러니 돌아가는 것은 이스라엘의 율법에도 저촉되지 않는 일이었다고 볼 수 있다(창 38:11 참조).

이 오르바는 나쁜 사람은 결코 아니었다. 오르바를 비난하긴 힘들다. 오르바는 그저 보통 사람이었다. 갈등을 하긴 했으나 결국 세상으로 돌아간 사람이었다. 그는 하나님의 역사에서는 자취를 감추었다. 룻기는 더 이상 오르바의 이름을 기록하지 않는다. "다시 세상으로 돌아간 오르바!"로 끝이었다. 나오미가 결론적으로 평가하는 대로 오르바는 "그의 백성과 그의 신들에게로 돌아"(1:15)간 사람이었다.

하지만 룻은 달랐다. 믿음의 결단을 내렸다. 고국 모압으로 돌아가지 않았다. 자신이 베들레헴으로 돌아오는 것은 이스라엘의 신앙, 즉 하나님과 맺은 언약 관계 속에 들어오는 것임을 잘 알고 있었다.

룻은 언약의 가치를 아는 사람이었다.

물론 룻이 했던 선택은 세상적인 가치 기준으로 볼 때 전혀 희망이 없어 보였다. 고생길이 훤했다. 하지만 룻은 절망 가운데서도 소망을 본 사람이었다. 앞으로 어머니를 따라 이스라엘로 가면 그 길이 결코 수월하거나 평탄하지 않을 것을 룻은 이미 잘 알고 있었다. 젊은 며느리인 자신이 연로한 홀시어머니를 부양해야 한다는 사실도 잘 알고 있었다. 더구나 룻의 시댁에는 가진 재산이 더 이상 없었을 것이다. 그러니 외국으로 가 젊은 과부가 일을 해서 가정의 생계를 꾸리기가 쉽지 않음을 룻도 잘 알고 있었다.

하지만 룻은 결단을 내렸다. 굳은 결심을 했다. 14절은 룻이 시어머니를 "붙좇았더라"(히브리어 다바크)고 한다. 이 단어는 가까이 따르며 밀착하는 의존성을 나타낸다. 부부 관계에서 둘이 한몸을 이루는 결합과(창 2:24) 엘리사가 스승 엘리야 선지자를 떠나지 않고 가까이 좇겠다고 결심하는(왕하 2:4) 것을 표현할 때 사용되고 있다. 룻이 시어머니를 철저히 의지하며 인격적으로나 신앙적으로 하나가 되었음을 룻기 기자는 강조해서 잘 표현하고 있다.

중요한 사실이 있다. 룻과 오르바의 상반된 선택에서 볼 수 있는 것과 같이 세상으로 돌아가는 사람이 있고, 세상에서 돌아오는 사람이 있다. 그렇다면 룻기는 과연 어떤 사람을 기억하는가? 바로 돌아온 사람인 나오미와 룻을 중심으로 룻기가 기록되고 있다. 모든 사람이 아니라 돌아온 사람의 일상이 하나님의 구원 역사가 되었다. 이 사실을 우리는 기억해야 한다.

엘리멜렉과 오르바, 그리고 나오미와 룻은 함께 출발했다. 그러나 정반대 방향으로 간 사람들이었다. 어차피 인생은 이렇게 두 갈래 길이다. 인생을 어떤 길로 가는지, 과연 이 길이 바른 길인지, 아니면 그릇된 길인지 판단하는 일이 우리에겐 중요하다. 인생은 결정의 연속이기 때문이다. 그 선택이 중요하다. 이제 누가 결정해야 하는가? 다른 누구도 아닌 바로 내가 결정해야 한다. 그 결정은 이제 한 사람에게 주어졌다. 바로 이 책을 읽고 있는 당신이 결정해야만 한다.

엘리멜렉은 세상 속에서 살아야 하는 오늘 우리 크리스천들의 정체성을 보여준다. 세상에서 살아가는 게 문제는 아니다. 우리는 세상을 떠나 살 수 없고, 반드시 세상 속에서 살아야 한다. 예수님도 우리를 세상에서 데려가기를 원하지 않으셨다. "내가 비옵는 것은 그들을 세상에서 데려가시기를 위함이 아니요 다만 악에 빠지지 않게 보전하시기를 위함이니이다"(요 17:15). 사도 바울이 고린도교회 교인들에게 말하는 대로 우리가 세상의 악한 사람들과 함께 살지 않으려고 하면 세상 밖으로 나가야 한다. "이 말은 이 세상의 음행하는 자들이나 탐하는 자들이나 속여 빼앗는 자들이나 우상 숭배하는 자들을 도무지 사귀지 말라 하는 것이 아니니 만일 그리하려면 너희가 세상 밖으로 나가야 할 것이라"(고전 5:10).

그런데 우리는 세상으로 돌아가면 안 된다. 예수님의 말씀대로 세상에 속하면 안 된다. "내가 아버지의 말씀을 그들에게 주었사오매 세상이 그들을 미워하였사오니 이는 내가 세상에 속하지 아니함

같이 그들도 세상에 속하지 아니함으로 인함이니이다. …내가 세상에 속하지 아니함같이 그들도 세상에 속하지 아니하였사옵나이다"(요 17:14,16). 하나님의 사람의 가치관을 잊고 세상의 가치관에 빠져 살아가면 우리는 실패한 인생을 살게 된다. 세상으로 돌아가지 말아야 한다. 우리가 하는 판단과 선택이 세속적이지는 않은지, 우리가 일터에서 하는 결정을 과연 하나님이 기뻐하시는지 잘 판단해야 한다. 그래서 하나님의 뜻 안으로 돌아와야 한다.

하나님의 공동체 안으로 돌아오는 인생이 복되다. 돌아온다는 사실 자체로 우리는 나오미와 룻이 앞으로 어떤 복된 삶을 살아가게 될지 그 결말을 예상할 수 있다. 그 짐작이 결코 틀리지 않는다. 세상으로 돌아가지 말고 돌아오는 인생을 살아야 한다. 아무것도 없는 것 같아도 하나님의 품으로 돌아오는 선택을 한 인생에는 귀한 복이 넘친다. 이렇게 돌아오는 인생에 주어지는 축복을 가능하게 하는 결단의 선택이, 이제 우리가 섹션 2에서 다룰 주제이다.

Section 2. 선택

돌
이
킴
과

돌
아
옴

나오미가 또 이르되 보라. 네 동서는 그의 백성과 그의 신들에게로 돌아가나니 너도 너의 동서를 따라 돌아가라 하니 룻이 이르되 내게 어머니를 떠나며 어머니를 따르지 말고 돌아가라 강권하지 마옵소서. 어머니께서 가시는 곳에 나도 가고 어머니께서 머무시는 곳에서 나도 머물겠나이다. 어머니의 백성이 나의 백성이 되고 어머니의 하나님이 나의 하나님이 되시리니 어머니께서 죽으시는 곳에서 나도 죽어 거기 묻힐 것이라. 만일 내가 죽는 일 외에 어머니를 떠나면 여호와께서 내게 벌을 내리시고 더 내리시기를 원하나이다 하는지라. 나오미가 룻이 자기와 함께 가기로 굳게 결심함을 보고 그에게 말하기를 그치니라. 이에 그 두 사람이 베들레헴까지 갔더라.

베들레헴에 이를 때에 온 성읍이 그들로 말미암아 떠들며 이르기를 이이가 나오미냐 하는지라. 나오미가 그들에게 이르되 나를 나오미라 부르지 말고 나를 마라라 부르라. 이는 전능자가 나를 심히 괴롭게 하셨음이니라. 내가 풍족하게 나갔더니 여호와께서 내게 비어 돌아오게 하셨느니라. 여호와께서 나를 징벌하셨고 전능자가 나를 괴롭게 하셨거늘 너희가 어찌 나를 나오미라 부르느냐 하니라. 나오미가 모압 지방에서 그의 며느리 모압 여인 룻과 함께 돌아왔는데 그들이 보리 추수 시작할 때에 베들레헴에 이르렀더라. 룻기 1:15-1:22.

우리는 인생을 살아가면서 수많은 선택을 한다. 수시로 정부와 지방자치단체가 주관하는 선거가 있다. 대통령 선거, 국회의원 선거, 지역자치단체의 단체장과 교육감, 의회 의원을 뽑는 지방선거 등이 한 해도 거르지 않고 계속된다. 그래서 수시로 선택을 해야 한다. 일하는 사람들도 선택하지 않고는 단 하루도 살 수 없다. 직장인들은 점심식사로 무엇을 먹을지 결정해야 하는 사소한 것부터 일과 관련된 수많은 선택을 하며 살아가고 있다. 주부들도 가족을 위한 식사준비를 하는 등 일상의 반복되는 선택을 늘 해야만 한다.

그런데 선택 중에도 의미심장한 선택은 우리 인생의 갈림길에서 해야 하는 선택이다. 룻기에 나오는 여인 룻과 나오미를 통해 볼 수 있듯이 인생의 중요한 선택의 기로에서 중요한 결단을 해야 하는 순간이 있다. 그들의 선택은 우리에게도 있다. 룻기 1장 15~22절을 통해 선택의 문제를 두 가지 방향으로 살펴보려고 한다. 하나는 '돌이킴'이고, 또 하나는 '돌아옴'이다.

롯이 시어머니 나오미를 따라 베들레헴으로 온 일은 돌이킴이었다. 인생의 가장 중요한 결단에 해당하는 구원이 바로 돌이킴이다. 또한 인생의 실패를 딛고 돌아오는 나오미의 결단도 중요하다. 이 돌아옴은 인생의 중요한 방향전환을 의미한다. 섹션 1에서 다룬 롯과 나오미의 돌아옴과는 비슷한 점도 있다. 구원받은 자의 성화과정에서 비중 있게 결정하는 터닝 포인트를 의미한다.

돌이키는 인생의 선택,
회심

──────── 이런 질문을 받아서 대답해본 적이 있는가?

"당신은 예수님을 믿고 있습니까?"

"당신은 어떻게 예수님을 믿게 되었습니까?"

교회 안에서 성도들이 회심하여 구원받은 경험을 이야기해보라고 하면 아마 몇 명만 모여도 밤을 새울 수 있을 것이다. 수련회에서 시간 가는 줄 모르고 구원 경험을 나눠본 적도 있다. 이야기를 나누다 보니 구원 간증뿐만 아니라 흥미진진한 인생열전이 되곤 했다.

사람들의 이야기를 들어보면 극적인 구원 경험이 있는 사람도 간혹 있다. 보통 이런 사람에게 간증이 많고, 이야기하는 시간도 길다. 성경의 인물 중 사도 바울 같은 사람이 대표적으로 극적인 회심을 체험한 경우이다. 예수님을 믿는 사람들을 사로잡고 죽이기까지 하면서 핍박하다가 결국 자신 앞에 나타나신 예수님을 만나게 되었다. 물론 모든 사람이 바울과 같은 극적인 경험을 하면서 예수님을 만나는 것은 아니다.

한 목사님은 청년 시절에 우연히 수요예배에 참석했는데 반주하는 자매가 그렇게 예뻤다고 한다. 그래서 수요예배에 참석할 만큼 신앙적 열심이 없었는데도 꼭 참석했고, 2층에 앉아 예배 내내 그 자매만 쳐다보았다고 한다. 그렇게 시간이 흘러가면서 어느 때부터인가 목사님의 설교 내용이 귀에 들어왔다고 한다. 결국 그 말씀들이 그 청년의 마음에 받아들여졌고, 결국 그 청년이 예수님을 믿게 되었다고 한다. 하나님은 이렇게도 한 사람의 회심에 역사하신다. "그러므로 믿음은 들음에서 나며 들음은 그리스도의 말씀으로 말미암았느니라"(롬 10:17).

영화 〈밀양〉(Secret Sunshine, 이창동 감독, 2007)을 보면 첫 장면부터 종찬(송강호)이 신애(전도연) 옆에 늘 붙어 다니는 것을 볼 수 있다. 큰 고장이 아닌 데도 자동차 수리를 하면서 심각하게 고장이 났다며 종찬은 신애와 인연을 만들려고 노력한다. 종찬은 만나는 순간부터 신애를 좋아했다. 그래서 아들을 잃은 슬픔을 겪는 신애와도 늘 함께 있고 교회에서 열린 기도회에도 따라가서 함께한다. 언제나 신애가 있는 곳에는 종찬이 함께 있다. 신애가 출석하는 교회에 나가게 된 종찬은 주차봉사도 하면서 신애의 마음을 얻으려고 노력한다. 영화 내내 신애가 있는 곳에는 종찬이 따라 다닌다.

회심한 신애는 아들을 유괴해서 죽인 살인범이 있는 교도소에 찾아가서 용서하려고 했다. 그 현장에도 종찬이 함께했다. 그런데 그 살인범이 이미 하나님의 용서를 받았다는 것이 아닌가? 신애를 위해서도 기도하고 있었는데 하나님을 믿으니 고맙다고 말하기도 했다. 예상치 못했던 살인범의 말을 듣고 신애가 하나님께 삐친다. 이후 교회 수련회장에 가서 "거짓말이야, 거짓말이야"라는 가사가 나오는 가요의 CD를 틀어놓고 구역모임에서 기도회를 하는 곳에 돌을 던지며 엇나간다. 세상에 아무도 없는 것 같은 지독한 슬픔을 견디지 못하고, 결국 자살을 시도했다가 정신병원에 입원한다. 그때에도 늘 신애의 곁에는 종찬이 있었다.

　　그러면 언제 종찬이 믿음을 가지게 되었을까? 영화 마지막 즈음에 신애의 남동생이 밀양역을 거쳐 누나를 찾아온다. 종찬이 마중을 나갔는데 운전하는 종찬의 운전석 룸미러에 십자가가 걸려 있는 것을 보았다. 신애의 동생이 요새도 교회에 다니느냐고 물었다. 누나를 따라 교회에 간 것이지 믿음이 있어서 간 것은 아님을 동생도 알고 있었기 때문이다.

　　그때 종찬이 대답을 한다. "처음에는 신애 씨 때문에 교회에 갔는데 이제 버릇이 되어 그냥 다닌다"면서, "안 나가면 섭섭하고 나가면 마음이 좀 편하다"고 했다. 종찬의 마음속에는 믿음이 뿌리를 내려가고 있었다. 믿음은 이렇게 우연찮은 기회를 통해서도 한 사람의 마음에 싹이 트고 자라난다.

　　회심은 억지로 믿는다고 해서 가능한 것이 아니라 마음속에서 자연스럽게 믿어지는 게 아닌가! 아마도 많은 크리스천은 이렇게 종찬과 비슷한 회심의 체험을 했을 테다. 부모를 따라 교회에 가다 보니 교회문화에 젖게 되었고, 친구를 따라 교회에 갔다가 10년 넘게 다니며 신앙을 갖게 된다. 그렇게 시간이 지나면서 어느 순간 믿어진다. 회심의 체험은 이런 경우가 많다. 〈밀양〉이라는 영화 속의 종찬과 같은 사람이 우리 주변에는 많다.

몇 년 전에 내가 직장예배를 인도하는 동양물산기업의 예배에 한 분이 오셔서 메시지를 전했다. 중국 왕청에 있는 가나안농군학교 교장으로 선교사역을 하는 박영권 선교사님이었다. 주로 재중동포들에게 가나안농군학교의 메시지를 전하며, 3만 평의 땅에 농사를 지어 북한의 고아들도 돕는 귀한 사역을 감당하는 분이었다. 그런데 그분은 지난 80년대 중반에 캐나다로 이민을 가기 전 동양물산기업이 속해 있던 벽산그룹의 회사였던 벽산건설 회계부서 책임자로 일하던 예전 사우였다. 현재 동양물산기업의 김희용 회장이 당시 벽산건설의 사장일 때 직원으로 근무했다. 그분이 회사를 떠난 지 30년 만에 돌아와 메시지를 전하면서 예전의 직장예배를 회고하였다.

당시 중앙극장에 전 직원이 모여 직장예배를 드렸는데, 자신은 믿음도 없었고 귀찮아서 출근부에 도장을 찍고는 '개구멍'으로 도망 다니기가 다반사였다고 한다. 그러다가 몇 차례 걸려서 야단을 맞기도 했다. 그런데 그렇게 억지로 참석했던 직장예배를 통해 복음의 씨앗이 뿌려졌다. 한 10년 직장예배를 드리다가 퇴사 후 캐나다로 이민을 가서 결국 예수님을 영접했다. 그리고 목회자의 길로 들어서서 선교사역을 감당하고 있다고 간증했다.

선교사님은 30년 전에 떠난 회사에서 예배드리는 후배 사우들에게 도전과 기대를 심어주었다. 왜 회사에서 일은 하지 않고 일찍 나와서 종교적인 모임을 가지며 귀찮게 하느냐고 생각하지 말라고 했다. 주어진 여건을 충실하게 감당하면 그것이 씨앗이 되어 믿음을 갖는 기회가 된다는 권면이었다. 그 선교사님도 영화 속 종찬과 같이 억지로 예배에 참석하고, 신앙적인 분위기 속에서 생활하다 보니 복음의 씨앗이 뿌려졌고, 결국 믿음의 열매를 맺게 된 경우였다.

룻이 하나님을 믿고 시어머니가 가진 신앙을 자신도 갖겠다고 고백하는 것도 결국 영화 〈밀양〉 속 종찬의 회심과정과 비슷하지 않았을까 상상해본다. 15절에서 나오미는 "네 동서는 그의 백성과 그의 신들에게로 돌아가나니"라고 말한다. 룻도 자기 신앙을 고백하면서 "어머니의 백성이 나의 백성이 되고 어머니의 하나님이 나의 하나님이 되시리니"(16절)라고 말한다. 옛 신앙으로 가거나 새로운 신앙으로 들어오는 것에 대해 말하면서 '백성', 즉 그들의 공동체를 먼저 말하고 있는 것이 이채롭다. 신앙의 고백이면 먼저 신이나 하나님을 언급하고 강조할 법하다. 그런데 공동체를 먼저 언급하는 것을 보면 룻이나 오르바가 믿음을 가지게 된 배경을 추정할 수 있다. 사실 특이할 것도 없는 일반적인 신앙 형성의 과정을 그들도 거쳤음을 말해주는 것이다.

엘리멜렉의 가족들은 날 때부터 하나님을 믿는 이스라엘 백성의 공동체 안에 속했고, 자연스럽게 하나님을 접하고 신앙을 갖게 되었을 것이다. 아마 룻도 극적인 회심보다는 이렇게 공동체를 먼저 경험하면서 신앙의 변화를 가져오게 되었을 것이라고 추정할 수 있다. 나오미의 집에 시집와서, 아니 그 이전에도 이미 룻은 자신의 나라로 이민 온 이스라엘 사람들의 공동체(백성)를 먼저 경험했다. 그러니 신앙이 다르고 민족이 다른 유대인 가정의 남자와 결혼할 결심을 할 수 있었다. 그런 과정을 거치면서 룻도 자연스럽게 신앙을 갖게 되었음이 틀림없다.

그래서 룻은 결국 "어머니께서 죽으시는 곳에서 나도 죽어 거기 묻힐 것이라. 만일 내가 죽는 일 외에 어머니를 떠나면 여호와께서 내게 벌을 내리시고 더 내리시기를 원하나이다"(17절)라고 고백한다. 자신의 굳은 신앙적 결심을 그렇게 강한 확신을 가지고 표현할 수 있었다. 그 믿음의 선택에 자신의 평생 혹은 그 이후의 삶도 걸 수 있겠다는 확신이 룻에게 생겼다.

앞에서도 언급했지만 나오미가 룻과 오르바에게 모압으로 돌아가라고 말할 때 세 번을 권했다. 「탈무드와 미드라쉬 및 랍비문헌에서 발췌·편집한 주석 룻기」(변순복 옮김, 대서 펴냄, 120쪽)를 보면 이스라엘의 현인들은 개종을 마음먹은 사람에게 최소한 세 번은 만류해 보라고 가르쳤다고 한다. 구약성경에 문학적 상상을 가미한 유대교 문서인 〈미드라쉬〉에서도 개종을 앞둔 자를 세 번 설득해도 뜻을 굽히지 않으면 유대교인으로 받아들이라고 했다. 나오미도 그렇게 며느리들에게 세 번 만류하는 권고를 했다(8,11,12절). 그러자 오르바는 시어머니의 권고를 받아 포기하고 돌아갔다. 하지만 룻은 그 세 번의 권고도 받지 않았고, 오르바가 돌아간 후에도 다시금 권고하는 추가 만류에도(15절) 마음을 돌이키지 않았다. 결국 룻은 그가 선택한 신앙의 길로 들어설 수 있었다.

순간의 선택은 얼마나 긴 시간을 좌우할 수 있는가? 한 10년쯤 될까? 예전에 "순간의 선택이 10년을 좌우한다"라는 가전제품 광고 카피가 있었다. 가전제품을 하나 사면 적어도 10년은 써야 함을 이야기한 것인데, 인상적인 광고였다. 오래 전 일인데 아직도 기억이 난다.

tvN 방송사의 인기 드라마였던 〈응답하라 1994〉에서는 그때 마침 전화를 받는 선택을 통해 결국 그 사람과 만날 수 있었다는 인연을 강조한다. 그 만남으로 두 사람이 결혼하여 평생 함께 살게 되었다. 결혼을 한 사람들은 보통 이 드라마의 상황과 같지는 않더라도 배우자를 선택하게 된 결정적인 계기를 경험한다. 그 순간의 선택은 한 사람의 '평생'을 좌우한다. 요즘같이 이혼이 많은 세태 속에서는 정확하게 '결혼생활 기간'을 좌우한다고 말할 수 있다.

그런데 우리의 신앙은 한 번의 선택으로 10년은 물론이고 결혼생활 기간이나 평생만 좌우하지도 않는다. 신앙은 '영원'을 좌우한다. 룻은 이 신앙적 선택으로 많은 것을 얻었다. 자신은 구원을 얻었다. 그뿐만 아니라 남편도 만나게 되고, 잃었던 땅도 찾아 가정을 회복했다. 룻은 보아스와 결혼해서 오벳을 낳았는데, 오벳은 다윗 왕의 할아버지였다. 그러니 룻은 다윗 왕의 증조할머니가 되는 축복을 누렸다(4:21-22). 끊어진 대를 이었는데 결국 왕의 선조가 되었고,

나중에는 메시아의 왕가를 이루는 조상이 되었다.

이렇게 룻은 모압과 이스라엘 국경 부근에서 동서 오르바와 함께 주어진 선택의 갈림길에서 인생의 중요한 선택을 했다. 그래서 결국 이스라엘의 왕족이 되는 복을 누렸다. 결국 룻은 메시아 예수님의 조상이 되었다. 마태복음의 시작 부분에 나오는 예수님의 족보에 이방 여인 룻은 분명하게 이름을 올리며(마 1:5-6) 순간의 선택이 영원을 좌우함을 보여주는 '역사'가 되었다.

우리가 받은 구원,
칭의와 성화

──────────── 한 사람이 인생에서 돌이키는 선택을 하는 구원은 과연 무엇인가? 룻이 경험한 구원, 오늘 우리가 받은 구원에 대해 정리해보자. 우선 구원이 필요한 이유는 무엇인가? 아담의 원죄로 인해 죄인일 수밖에 없는 인간의 연약함 때문이다. 죄 문제의 해결이 구원이다. 구원은 죄 많은 인간을 위해 하나님이 죄의 삯인 사망을 대신 감당한 예수님의 의(義)를 전가시킨 것이라고 말할 수 있다. 이것은 구원의 법정적인 개념이다. 성경이 구원을 설명하는 중요한 그림이 바로 이런 법정 이미지이다.

법정은 죄인을 위해 필요한 곳이다. 만약에 사람이 죄를 짓지 않고 죄인이 없어지면 온 세상의 법조계에서 일하는 사람들은 실업자가 된다. 죄인의 죄를 심리하고 판결하는 곳이 법정이다. 죄인인 인간에게 형벌을 부과해야 하는데, 십자가에 달려 돌아가신 예수 그리스도의 희생으로 인해 죄인인 우리의 죄가 처벌 받았다고 간주해주는 것이 구원이다(칭의). 로마서 6장 23절이 밝혀주고 있는 대로 죄의 삯은 사망이기에 하나님은 법정에서 반드시 죄를 처벌하셔야만 했다. 그런데 예수 그리스도의 죽음으로 인해 더 이상 우리에게는 죄에 대한 책임을 묻지 않으신다. 하나님이 값없이 은혜를 베풀어주셨는데, 그로 인해 우리는 죽음 대신 영생을 얻었다. 이것이 구원이다.

또한 구원은 관계로 설명할 수 있다. 하나님과 나의 관계가 새롭게 설정된다. 에덴동산에서 추구했던 하나님과 사람의 본질적인 관계는 동산에서 함께 거닐며 대화하고 교제하는 사이였다. 그런데 죄로 인해 그 관계가 깨졌다. 아담은 죄를 지은 날 바람이 불 때 찾아오신 하나님의 낯을 피하여 숨었다. 두려웠기 때문이다(창 3:8). 그래서 이후에도 죄인들은 하나님을 피하며 산다. 예수 그리스도와 관계없다는 듯이 살아간다.

이 끊어진 교제 관계의 회복이 바로 구원이다. 문밖에 서서 두드리시는 예수님의 음성을 듣고 문을 열면 함께 먹고 교제하는 관계의 회복이 가능해진다(계 3:20). 하나님과 교제의 관계가 회복된 삶의 궁극적인 모습은 새 예루살렘을 묘사하는 요한계시록의 마지막 장에서 보여준다. 다시 저주가 없고, 수정같이 맑은 생명수의 강이 흐르고, 강 좌우에 생명나무가 열두 가지 열매를 달마다 다르게 맺는다. 보좌에 앉으신 하나님과 예수님을 섬기는 종들이 그 얼굴을 보게 된다. 그 이름이 그 종들의 이마에 기록되어 있다(계 22:1-4). 이것이 장차 우리가 누릴 천국의 모습이다.

　이렇게 하나님과 회복된 관계는 사람들과 맺는 관계, 그리고 자연과 맺는 관계, 세상을 향한 바람직한 관계로도 확대된다. 하나님과 성도의 구원 관계는 '언약 관계'(covenant with God)로 표현된다. 세상에서 쌍방의 이익을 위해 상호 간에 맺는 계약(contract)과는 다른 언약 관계가 믿는 자의 구원을 설명해준다.

　성경이 구원에 대해서 설명하는 언약 관계의 그림은 다양하다. 먼저 가족 관계가 있다. 우리는 하나님을 아버지로 부르며 구원받은 성도들이 서로 형제임을 고백한다. 예수님이 하나님을 "내 아버지"라고 부르며 친밀함을 과시하고, 그로 인해 유대인들과 갈등을 유발했던(요 5:17-18) 가족 관계가 바로 언약 관계를 통한 구원을 묘사하는 중요한 그림이다. 가족은 결혼과 혈연을 통해 뗄 수 없는 관계로 맺어져 있다. 바울이 말하는 대로 우리는 양자의 영을 받았기에 하나님을 "아빠 아버지"라고 부를 수 있다(롬 8:15). 예수님은 어머니와 동생들이 찾아왔을 때 사람들을 향해 "누구든지 하늘에 계신 내 아버지의 뜻대로 하는 자가 내 형제요 자매요 어머니"(마 12:50)라고 말씀하셨다. 이렇게 예수님을 믿는 우리는 구원을 통해 하나님 안에서 한 가족이다.

　또한 언약 관계인 구원은 왕과 백성의 관계로도 설명된다. 구약성경에서 왕은 백성을 보호해주고 백성은 왕에게 충성하는 관계를 설정하는데, 이것이 바로 구원의 이미지이다. 요한계시록 22장 5절은 장차 임할 새 예루살렘의 묘사를 마감하면서 성도들이 "세세토록

왕 노릇"한다는 그림을 보여준다. 우리 성도들이 누릴 천국의 삶은 하나님을 섬기면서 동시에 왕의 리더십을 가지고 다스린다. 구체적인 모습은 확실하게 알 수 없으나 하나님은 왕과 백성의 관계를 구원의 그림으로 우리에게 보여주셨다.

세상의 창조주이신 하나님은 만물을 창조하신 후에 창조사역을 지상에서 계속하기 위해 조치하셨다. 창조사역의 지상대리인으로 인간을 세우셨다. 작은 왕으로 세움받은 인간이 세상을 다스리도록 하셨다. 하나님은 사람을 하나님의 형상대로 창조하신 후에 복을 주시며, 생육하고 번성하여 땅에 충만하고, 땅을 정복하며 세상 만물을 다스리라고 하셨다(창 1:26-28). 오늘 우리는 세상에서 하나님을 믿으며 구원받은 자로 살면서 이런 중요한 왕의 사명을 다해야 한다. 왕으로 살아가는 우리는 왕 중의 왕이신 하나님께 충성을 다하며, 또한 세상 만물을 다스리는 왕의 역할을 다해야 한다. 바로 이 왕과 백성의 그림이 우리의 구원을 설명해준다.

또한 성경은 언약 관계인 구원을 목자와 양의 관계로 설명하고 있다. 우리에게는 이 그림이 익숙하지 않으나 성경이 기록된 시대 배경과 팔레스타인이라는 지리적 배경 속에서는 매우 익숙한 이미지이다. 선한 목자는 양을 알고 양을 돌보기 위해 목숨을 버린다(요 10:11). 양들은 그 목자를 따르며 보호받는다. 이것이 바로 목자이신 예수님을 따르는 어린 양인 우리 성도들이 얻는 구원을 설명해준다.

길게 살펴본 구원에 대한 관계적인 이미지들은 성도들의 성화(聖化)를 보여준다. 칭의(justification)와 성화(sanctification)는 구원의 서정(序程)에서 단계적으로 이어진다. 칭의를 통해 구원받은 사람은 자연스럽게 성화의 단계를 밟으며 살아간다. 장차 예수님이 재림하시거나 개인적인 종말을 통해 맞이하는 영화(glorification)의 단계까지 이르기 위해 성화의 과정을 거친다. 구원받은 사람은 이렇게 성화를 통해 구원의 한 측면을 보여주게 되어 있다. 그런데 칭의를 통해 구원받았으면 성화를 굳이 하지 못하더라도 구원에는 아무런 문제가 없다고 보는 잘못된 구원론이 있어 왔다.

2014년 4월 16일, 한국 사회를 충격에 빠뜨렸고 아직도 아픔이 남아 있는 '세월호 참사'가 있었다. 이 치명적인 사회 문제를 일으킨 것은 이른바 구원파의 잘못된 구원론이다. 칭의를 통해 구원을 받았으면 성도이고, 성도인 사람이 성화를 하면 좋고, 성화를 하지 못해도 구원에는 아무런 문제가 없다는 주장이다. 바로 이 점이 문제이다.

구원받은 사람이라면 반드시 성화의 과정을 거치게 되어 있다. 믿음에 따라 비록 더딘 성화를 보여주는 사람이 있더라도 구원받은 사람에게는 성화가 당연히 따라온다. 따라서 우리가 행위로 구원받지 못하지만 구원받은 성도에게 당연하게 요구되는 성화를 중요하게 여겨야 한다. 만약 성화의 진지한 모습을 보이지 않는다면 그는 구원받지 못했을 가능성이 높다. 예수님이 산상수훈의 결론에서 바로 이 부분을 강조하셨다.

"이러므로 그들의 열매로 그들을 알리라. 나더러 '주여 주여' 하는 자마다 다 천국에 들어갈 것이 아니요 다만 하늘에 계신 내 아버지의 뜻대로 행하는 자라야 들어가리라. 그날에 많은 사람이 나더러 이르되 '주여 주여 우리가 주의 이름으로 선지자 노릇 하며 주의 이름으로 귀신을 쫓아 내며 주의 이름으로 많은 권능을 행하지 아니하였나이까' 하리니 그때에 내가 그들에게 밝히 말하되 내가 너희를 도무지 알지 못하니 불법을 행하는 자들아 내게서 떠나가라 하리라"(마 7:20-23).

"주여! 주여!" 하면서 주의 이름으로 사역하는 듯이 보였던 불법을 행하는 자들은 사실 구원받은 사람이 아니었다. 성화가 없던 그들은 칭의조차 받지 못한 가짜 크리스천이었다는 뜻이다. 성화는 영화 이전까지의 성도의 삶을 말하는 것이 틀림없지만 칭의를 통해 구원받은 바로 그 순간부터 이어지는 구원의 한부분이다. 이렇게 칭의와 성화는 따로 떨어뜨려 생각할 수 없다.

구원론에서 중요한 두 가지 항목, 칭의와 성화는 누구에게나 종말론적이다. 예수님이 이 땅에 오셔서 십자가에서 구원사역을 완성하신 후 이미 구원이 세상에 임했다. 하나님의 나라가 구체적인 모습을 드러냈다. 하나님의 나라는 예수님의 초림과 십자가의 사역으로 그를 믿는 수많은 사람에게 영향을 미쳤다. 우리도 이미 이 십자가를 통해 구원을 받았다.

그런데 예수님이 재림하실 때까지는 아직 구원의 모든 부분이 다 나타나지는 않는다. 충분한 구원이지만 그 구원의 완성을 아직 하나님이 보여주시지 않았다. 우리가 구원받으면 이미 천국을 누리지만 가시적인 천국은 예수님의 재림 이후로 남겨졌다. 예수님의 재림 후에 하나님의 왕국이 이 땅에 충만하게 임하여 구원의 완성된 모습을 보여줄 것이다. 따라서 오늘 우리가 살아가는 시대, 즉 예수님의 초림과 재림 사이의 시기는 바로 완충지대와 같은 역할을 한다. 과도기의 삶이다. 우리는 장차 임할 하나님의 나라를 사모하며 이 땅에서 오늘도 종말론적인 삶을 살아간다.

이것을 정리해보자. 예수님을 믿는 우리에게는 충분한 구원이 이미 이루어졌지만 그 완성은 예수님의 재림 때까지 유보되었다. 이것을 "'이미'와 '아직' 사이의 긴장"(the tension between 'already' but 'not yet')이라고 표현한다. 이미 이루어진 구원에 감사하고 기뻐하면서 장차 임할 완전한 구원을 사모하며 침묵 정진하는 삶, 이것이 바로 성화이다. 이 성화의 한 사례를 우리는 이어지는 나오미의 베들레헴 귀환을 통해서 확인해볼 수 있다.

돌아오는 인생의 선택,
결단

──────────── 나오미가 베들레헴으로 돌아오자 그 일은 베들레헴에서 큰 뉴스가 되었다. 함께 떠났던 세 남자는 모두 그곳 모압 땅에서 죽어 고향으로 돌아오지 못했다. 나오미는 돌아오면서 혼자 온 것이 아니라 모압 여인인 며느리, 그것도 두 며느리 중 한 며느리만 데리고 고향으로 돌아왔다. 베들레헴 사람들은 나오미의 가족이 기근을 피해 떠날 때보다 훨씬 못한 상태로 돌아왔다고 생각했다. 흥

해보려고 고향을 등지고 떠났으나 망한 모습으로 돌아왔다고 볼 수밖에 없었다.

그런데 나오미가 어렵사리 돌아오는 인생의 결단을 한 선택은 매우 중요했다. 기근을 피해 모압으로 이주한 것이 많은 사람에게 세속적인 선택이었다고 인식된 것은 당연했다. 그런데 그 결말이 빈손으로 사람들을 다 잃고 돌아오는 것이었다면 실패한 귀환이 틀림없다. 하지만 아무리 좌절하고 인생의 실패를 겪었더라도 '돌아옴'의 선택은 잘한 결단으로 칭찬받을 만하다. 사람의 눈에는 성공하지 못하고 실패한 것 같으나 하나님이 보시기에는 이 돌아옴이 성공이고 복받은 선택이다.

잃었던 하나님과의 관계를 회복하기 원해서 베들레헴 행을 택한 나오미의 결단은 우리도 인생을 살아가면서 한번쯤은 맞닥뜨릴 수 있는 중요한 선택이다. 하나님은 이런 선택의 기로를 우리의 인생 앞에 놓아두실 것이다. 어디로 갈 것인가? 우리의 인생도 하나님이 기뻐하시는 성화의 과정을 밟아가야 하는데, 과연 어떤 방향으로 갈지 우리는 결단해야만 한다.

앞에서도 언급한 헨리 나우웬을 한번 더 살펴보자. 〈탕자의 귀향〉이라는 그림에 너무도 강렬한 인상을 받은 헨리 나우웬은 하버드대학 교수직이라는 명예와 부를 버리고 장애인공동체에 들어갔다. 한 기자가 어떻게 그런 결단을 할 수 있었는지 물었다. 그러자 헨리 나우웬이 대답했다. "오르막길을 오를 때는 예수님이 잘 보이지 않았습니다. 그런데 장애인공동체에 들어가 내리막길을 가다 보니 예수님이 보였습니다.”

헨리 나우웬은 진정 예수님을 제대로 보기 위해 인생의 결단을 내렸다. 우리도 스스로 질문해봐야 한다.

“당신이 가는 길에 예수님이 보이는가?”

우리가 선택하는 인생의 결단이 세상 사람들이 추구하는 ‘묻지 마 성공’의 방향인가, 아니면 하나님이 기뻐하시는 참된 성공, 진정한 축복의 방향인가 잘 판단해야 한다. 그런데 하나님의 복, 크리스천의 진정한 성공은 세상 사람들이 결코 성공이라고 평가하지 않는 실패와 좌절과 불행과 질병과 몰락의 길일 수도 있다.

흔히 크리스천들도 하나님께 복을 받고 세상적으로도 성공하기를 선망하는 경향이 있다. 아마도 엘리멜렉이 모압으로 떠나기 전의 상황이 이런 모습이었을 듯하다. 마을의 유지였고 신앙적으로도 하나님의 사람의 경건을 유지하고 있었다고 볼 수 있다. 그런데 결국 모압으로 내려가면서 엘리멜렉은 세상의 부와 명예를 좇아 하나님의 복을 거부하는 세속화의 길을 걸었다. 타락한 부자가 되었다. 세상의 성공을 좇아 하나님의 진정한 복을 거부했다.

이런 상황에 처해 있다가 다시 나오미가 베들레헴으로 돌아오는 길을 선택한 것은 의미가 있었다. 비록 세상의 성공과는 관계없는 안타까운 모습이었지만 하나님을 향한 신앙과 열정의 회복을 바라는 회심의 결단이었다. 세속의 부와 행복을 추구하던 삶에서 돌이켜 하나님을 제대로 섬기며 어떤 어려움도 감수하겠다는 결단을 내렸다. 이후 나오미는 며느리 룻을 통해 끊어졌던 대를 잇고 잃었던 땅도 회복하면서 다시금 하나님이 기뻐하시는 인생을 살게 된다. 나오미의 돌아오는 선택을 보면서 우리는 과연 인생에서 어떤 길을 선택해야 할지 돌아봐야 한다.

전제용 선장의
아름답고 희생적인 선택

──────────── 우리가 인생을 살다 보면 돌아옴의 선택을 해야 하는 상황과 맞닥뜨리는 때가 있다. 이때 결정을 잘해야 한다. 전제용 선장의 이야기를 들어보았는가? 우리는 2014년 4월 16일에 있었던 세월호 사건을 쉽게 잊지 못한다. 수많은 아이들, 꽃 같은 아이들의 희생이 많아서 더욱 가슴이 아팠고 눈물을 흘렸다. 또한 세월호 선장과 선원들이 반드시 해야만 할 일을 잊고 자신들의 살 길만을 찾은 일탈 행동 때문에 더욱 가슴 아팠고 분노했다. 그런데 우리나라에 세월호 선장과 같은 사람만이 아니라 참으로 멋진 선장도 있었다. 그가 바로 전제용 선장이다.

400톤급 참치잡이 원양어선으로 인도양에서 7개월여 조업을 한 후 만선으로 귀항하는 광명87호를 전제용 선장이 이끌고 있었다. 싱가포르 항에서 귀항을 준비하여 출항한 후 1985년 11월 14일, 광명87호는 베트남 아래쪽 바다인 남중국해를 지나고 있었다. 그런데 자그만 목선에 탄 10여 명이 손을 흔들며 SOS를 외쳤다. 베트남 난민들이었다. 그들이 바로 그 유명한 '보트피플'이었다. 귀항하기 위해

싱가포르에서 출항할 때 회사에서는 보트피플을 그냥 지나치라고 지침을 이미 내렸다. 하지만 전제용 선장은 양심의 가책을 느꼈다. 그들을 그냥 두면 굶주려 죽거나 목선인 배가 침몰할 수밖에 없다고 판단했다. 그래서 간부 선원들과 회의를 했다. 반대도 있었지만 전제용 선장은 자신이 책임을 지기로 하고 그들의 구조를 결정했다. 그리고 뱃머리를 돌려서 그 보트피플을 향해 다가갔다.

처음에는 배가 크지 않기에 보이던 10여 명쯤인 줄 알았는데 다 구조하고 보니 배의 밑바닥에까지 들어차 있던 사람들이 자그마치 96명이나 되었다. 그들이 탄 목선은 기관이 고장 났고, 난민들은 이미 사흘간 굶은 상태에 식수도 없었으며 환자도 많았다. 임신 8개월의 임신부도 있었다. 선원들은 환자를 자신들의 침실로 옮겨 치료해 주고 노인들은 선장실에서 돌보았다. 25명 선원의 열흘 치 식료품을 싱가포르에서 구입했으니 96명의 난민과 함께 며칠이나 먹을 수 있었겠는가? 식량이 떨어진 후에 선장은 어창에 잡아 온 참치가 많다면서 난민들의 두려움과 걱정을 잠재웠다. 참치가 많긴 했다. 7개월 동안 잡은 수백 톤의 참치가 있었으니 말이다! 부산까지 도착하는 12일 동안 선장과 선원들은 그렇게 난민 96명을 잘 돌봐주었다.

부산에 도착한 난민들은 부산적십자난민보호소에 머물게 되었다. 거기서 1년 반을 지내다가 미국과 호주, 프랑스, 뉴질랜드, 영국 등 자신들이 원하는 나라로 다 떠났다. 그러나 전제용 선장에게는 곧바로 시련이 다가왔다. 전 선장은 현재의 국가정보원인 안기부 등 여러 기관에 불려 다니며 조사를 받아야 했다. 당시는 베트남이 공산화된 지 10년쯤 지난 시기였고, 미국과 함께 베트남전에 참전했던 우리나라와 베트남과의 관계가 그리 좋지 못했다. 당국에서도 공산 월맹군이 베트남 난민으로 위장했는지 확인해야 했고, 전 선장이 왜 그들을 구조했는지, 브로커가 개입된 계획적 구조였는지, 대가를 받았는지 등에 대해 치밀한 조사를 해야 했을 것이다. 동료 선원들도 불려가 조사를 받았으나 혐의가 없어 나중에 전 선장과 함께 모두 풀려났다.

그러나 전 선장은 보트피플 구조사건 때문에 입사한 지 불과 10개월 만인 1985년 11월 30일자로 하선 조치를 당했다. 입사 후 출항하여 원양조업을 한 번 나갔다가 돌아온 후 해고되었다. 그때 전제용 선장의 나이는 45세였고, 본래 회사와 맺은 계약기간은 10년이었다.

그런데 당시 보트피플의 대표자였던 피터 누엔이 미국으로 가서 간호사가 되었는데, 17년을 수소문한 끝에 결국 전제용 선장을 찾아내 연락이 왔다. 그리고 19년 만에 미국으로 초청해서 드디어 만나게 되었다. 전 선장이 미국에 가기 전 주고받은 편지로 전 선장의 난민구출사건 이후 일어난 후일담을 알 수 있었다.

이후 전 선장은 "그 일이 있은 후 집에서 쉬면서 인생 공부를 했다"며 "여러 가지 생각이 들었지만 난민을 구조한 일에 대해서는 결코 후회하지 않는다"고 말했다. 난민들을 구하기로 결정했을 때 자신의 미래와 경력까지 희생해야 함을 알고 있었다고도 말했다. 왜 예상하지 못했겠는가? 하지만 자신의 미래와 경력을 96명의 생명과

바꾼 것에 대해서 한 번도 후회한 적이 없다고 했다.

선장 면허가 2년 반 동안 정지된 때에는 실업자로 지내야 했고, 그 후 1988년 8월에야 전 선장은 다시 배를 탈 수 있게 되었다. 그래서 1994년, 25년간의 선원생활을 마친 후 이듬해인 1995년부터 통영에서 가족들과 함께 멍게양식업을 하면서 생활한다고 했다.

또한 전 선장의 편지 가운데 전 선장의 결단과 고뇌를 알 수 있는 대목들이 있었다. 회사는 전 선장이 베트남 난민들을 승선시킨 것을 알고는 그들을 데리고 부산항에 입항하는 것을 강력히 만류했다. 난민들을 무인도나 인근 섬에 하선시키고 귀국하라는 것이 회사의 지시사항이었다. 전 선장과 선원들에게 후환이 있을 것을 염려한 조치였고, 전 선장은 선원들과 갑판에서 판자와 드럼통으로 뗏목을 만들기 시작했다. 그 망치 소리가 전 선장의 가슴을 쳤고, 결국 전 선장은 회사방침이 난민을 보호하는 국제법에 위배되기에 본사의 부당한 처사에 따르지 않겠다는 통보를 하고 난민들을 태운 채 부산항으로 입항했다. 이런 고백편지를 받은 누엔 씨는 아내와 함께 큰소리로 울었다고 한다. 자신들 때문에 전 선장이 회사에서 해고를 당했다는 사실을 전혀 모르고 지내서 미안했기 때문이었다.

베트남 난민들이 유엔 난센상(난민구호에 헌신을 다한 사람에게 수여하는 상으로 '유엔의 노벨상'이라고 불림) 수상을 건의해 후보에도 올랐다. 전 선장은 미국에 갔을 때 자신의 소감을 이렇게 피력했다. "내가 아니었더라도 누구라도 그때 그 난민들을 구했을 겁니다. 나는 영웅이 아닙니다. 단지 작은 용기와 결단이 그들을 구조하게 한 겁니다." 그러나 피터 누엔의 증언을 들어보면 그들이 바다에서 표류할 때 그 난민선 곁을 지나가던 스무 척 이상의 배들이 그들의 구조 요청을 외면했다. 그러나 전제용 선장의 광명87호만 그날 난민선을 지나치지 않았다(월간 〈신동아〉 2005년 2월호, 330-341쪽, 김지현 재미 자유기고가의 글, 2015년 4월 27일 방영된 KBS1 TV의 〈그대가 꽃〉 프로그램 '전제용 선장 편'과 여러 인터넷 자료들을 참조함).

전제용 선장은 비록 난센상을 수상하지는 못했지만 2009년에 우리나라 국회 인권포럼이 수여하는 올해의 인권상을 수상했다. 그리고 여러 TV프로그램이나 뉴스에도 소개되었다. 죽어가는 사람들을 살려낸 이 아름다운 사람의 이야기가 얼마나 힘이 되는지 모르겠다. 바로 이 전제용 선장이 한국인이라는 사실이 자랑스럽다. 전제용 선장은 '돌아오는 중요한 선택'을 용기 있게 했다. 그것이 자신의 인생에서는 경력을 계속 유지하고, 한참 자녀들을 돌보고 교육하는 책임을 다하는 일에는 실패하는 것임을 알고 있었다. 또한 자신의 미래를 더욱 불행하게 만들 것을 예상하고도 그는 생명의 가치를 귀하게 여겼다.

오늘 우리에게도 이렇게 돌아오는 길을 선택해야 하는 결단의 때가 있을 수 있다. 우리가 인생을 살면서 한 번만 겪는 것이 아니라 인생에서 중요한 터닝 포인트를 몇 차례 이상 겪는 경우도 많다. 혹은 그 선택이 인생에서 앞으로 나아가는 것이 아니라 뒤로 돌아가는 후퇴와 실패의 길일 수도 있다. 전제용 선장의 선택이 그랬던 것처럼 위험을 초래할 수도 있다. 나오미가 베들레헴으로 돌아올 때처럼 사람들의 비난과 비웃음을 감수해야 할 때도 있다.

그런데 그런 순간에 우리는 결단해야 한다. 우리의 선택이 정의를 소리 높이 외치는 목소리가 되어야 한다. 용기를 보여주는 행동이 되어야 한다. 그 결단이 우리에게 위기를 초래할 수도 있다. 그런데 그런 어려움도 감수하며 실천하는 용기를 하나님이 기뻐하신다. 또한 이 용기 있는 선택은 보상을 가져다줄 수도 있다. 나오미가 돌아오는 선택을 통해 하나님의 은혜를 얻었고, 전제용 선장처럼 사람들의 칭찬과 명예를 얻을 수도 있다. 물론 이 땅에서는 보상이 없는 경우도 있다. 그래도 우리는 결단해야 한다. 천국 상급을 기대할 수 있으니 말이다. 용기 있는 결단을 하나님은 분명하게 기억하시고 천국에서 보상해주신다. 당장 눈에 보이는 것이 없으니 불안할 수도 있다. 그래도 우리는 결단해야 할 때 귀한 결단을 선택할 수 있어야 한다. 돌아오는 인생의 선택이 주님을 기쁘시게 한다.

회심과 인생의 중요한 결단을 보여주는 룻기 1장의 마지막 절이 인상적이다. "나오미가 모압 지방에서 그의 며느리 모압 여인 룻과 함께 돌아왔는데 그들이 보리 추수 시작할 때에 베들레헴에 이르렀더라"(22절). 두 여인이 아무것도 없이 돌아오는데 베들레헴의 농사 절기가 "보리 추수 시작할 때"였다고 한다. 룻이라는 여인의 삶에 주어진 이 보리 추수 시작의 시기는 또 다른 사소해 보이는 선택을 요구할 테다. 물론 그 선택은 사소해 보여도 그녀의 인생에서 매우 중요한 선택이 된다. 오늘 우리의 일상에도 이런 사소한 선택들이 있다. 그 선택들 앞에서 나를 향한 하나님의 뜻을 찾으며 하나하나 결단해갈 때 우리는 하나님이 원하시는 참된 인생을 살아갈 수 있다.

로마서 8장 30절에서 사도 바울이 구원받은 성도의 삶에 대해 요약하는 말씀이 있다. 룻과 나오미의 인생에 중요한 선택의 과정인 돌이킴과 돌아옴을 잘 정리해준다. "또 미리 정하신 그들을 또한 부르시고 부르신 그들을 또한 의롭다 하시고 의롭다 하신 그들을 또한 영화롭게 하셨느니라." 돌이키는 선택으로 칭의의 은혜, 구원을 체험하였는가? 돌아오는 결단의 선택을 통해 성화의 은혜를 체험하며 거룩해지고, 천국을 향해 순례의 길을 걸어가는 축복을 누릴 수 있다.

나오미와 룻이 돌아온 때가 바로 보리 추수가 시작될 때였다는 사실은 그들의 선택이 하나님의 크나큰 은혜 안에 있던 귀한 섭리였음을 잘 보여준다. 틀림없이 두 여인은 베들레헴에 돌아간 이후 가난에 시달려야 할 상황인데 추수 시기라 은혜를 입을 가능성이 열려 있었다. 크나큰 복이 아닐 수 없었다. 이런 귀한 은혜가 두 사람을 기다리고 있었다. 이 은혜를 우리가 섹션 3에서 나누고자 한다.

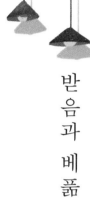

Section 3. 은혜

받음과 베풂

─────────── 나오미의 남편 엘리멜렉의 친족으로 유력한 자가 있으니 그의 이름은 보아스더라. 모압 여인 룻이 나오미에게 이르되 원하건대 내가 밭으로 가서 내가 누구에게 은혜를 입으면 그를 따라서 이삭을 줍겠나이다 하니 나오미가 그에게 이르되 내 딸아 갈지어다 하매 룻이 가서 베는 자를 따라 밭에서 이삭을 줍는데 우연히 엘리멜렉의 친족 보아스에게 속한 밭에 이르렀더라. 마침 보아스가 베들레헴에서부터 와서 베는 자들에게 이르되 여호와께서 너희와 함께 하시기를 원하노라 하니 그들이 대답하되 여호와께서 당신에게 복 주시기를 원하나이다 하니라.

보아스가 베는 자들을 거느린 사환에게 이르되 이는 누구의 소녀냐 하니 베는 자를 거느린 사환이 대답하여 이르되 이는 나오미와 함께 모압 지방에서 돌아온 모압 소녀인데 그의 말이 나로 베는 자를 따라 단 사이에서 이삭을 줍게 하소서 하였고 아침부터 와서는 잠시집에서 쉰 외에 지금까지 계속하는 중이니이다. 보아스가 룻에게 이르되 내 딸아 들으라. 이삭을 주우러 다른 밭으로 가지 말며 여기서 떠나지 말고 나의 소녀들과 함께 있으라. 그들이 베는 밭을 보고 그들을 따르라. 내가 그 소년들에게 명령하여 너를 건드리지 말라 하였느니라. 목이 마르거든 그릇에 가서 소년들이 길어 온 것을 마실지니라 하는지라.

룻이 엎드려 얼굴을 땅에 대고 절하며 그에게 이르되 나는 이방 여인이거늘 당신이 어찌하여 내게 은혜를 베푸시며 나를 돌보시나이까 하니 보아스가 그에게 대답하여 이르되 네 남편이 죽은 후로 네가 시어머니에게 행한 모든 것과 네 부모와 고국을 떠나 전에 알지 못하던 백성에게로 온 일이 내게 분명히 알려졌느니라. 여호와께서 네가 행한 일에 보답하시기를 원하며 이스라엘의 하나님 여호와께서 그의 날개 아래에 보호를 받으러 온 네게 온전한 상 주시기를 원하노라 하는지라. 룻이 이르되 내 주여 내가 당신께 은혜 입기를 원하나이다. 나는 당신의 하녀 중의 하나와도 같지 못하오나 당신이 이 하녀를 위로하시고 마음을 기쁘게 하는 말씀을 하셨나이다 하니라.

식사할 때에 보아스가 룻에게 이르되 이리로 와서 떡을 먹으며 네 떡 조각을 초에 찍으라 하므로 룻이 곡식 베는 자 곁에 앉으니 그가 볶은 곡식을 주매 룻이 배불리 먹고 남았더라. 룻이 이삭을 주우러 일어날 때에 보아스가 자기 소년들에게 명령하여 이르되 그에게 곡식 단 사이에서 줍게 하고 책망하지 말며 또 그를 위하여 곡식 다발에서 조금씩 뽑아 버려서 그에게 줍게 하고 꾸짖지 말라 하니라. 룻기 2:1-2:16.

　　오늘날 대한민국에서 우리 기독교는 어떤 상황에 처해 있는가? 우리 그리스도인들은 코로나19 바이러스로 어려움을 겪는 사람들 사이에서 봉사와 섬김, 그리고 이웃 사랑을 실천하고 있는가? 하나님을 사랑하고 이웃을 사랑하라는 예수님의 말씀을 실천하여 세상 사람들의 호응을 얻고 있는가? 슬프고 아픈 자들의 눈물을 닦아주고 소외되고 연약한 자들을 향해 영향력 있는 복음의 메시지를 전하고 있는가? 하나님의 나라를 세상 속에 누룩과 같이 확장하는 사명을 다하고 있는가? 그래서 우리가 가진 복음의 능력은 다음세대인 젊은이들에게 대안이 되고 있는가?

　　오늘 우리시대의 기독교는 위기를 겪고 있다고 많은 사람이 평가한다. 우리 자신이 느낄 수 있다. 원인은 무엇인가? 어떻게 해야 오늘의 위기를 벗어날 수 있는가? 여러 가지 원인이 있을 것이다. 오늘 우리 교회와 크리스천들이 받은 은혜를 제대로 나누지 못해서 초래된 문제는 아닐까? 세상 속에서 소금과 빛의 존재감을 보여주어야 할 우리가 교회 안에서만 서로 소금 뿌리면서 촛불을 켜놓고 묵상했기 때문은 아닐까? 받은 은혜를 베푸는 미덕을 발휘하지 못해서 오늘 우리시대에 기독교가 위기를 겪고 있다. 세상 속 크리스천이 실천하는 은혜의 미덕은 과연 어떤 것인지 우리가 뼈아픈 현실을 염두에 두고 살펴봐야 한다.

룻기 1장의 마지막 절은 룻과 나오미의 베들레헴 행에 대한 기대를 명백하게 암시해주고 있다. "나오미가 모압 지방에서 그의 며느리 모압 여인 룻과 함께 돌아왔는데 그들이 보리 추수 시작할 때에 베들레헴에 이르렀더라"(22절). "보리 추수 시작할 때"는 빈손으로 돌아온 과부들에게는 큰 은혜가 틀림없었다. 율법에 근거하여 아무것도 없는 과부들도 생계를 유지할 수 있는 은혜의 장치가 주어져 있었기 때문이다. 어떤 은혜인가?

'은혜'의 관점으로 룻기 2장 1~16절을 보면 룻과 나오미가 베들레헴으로 돌아와 룻이 들판으로 일하러 나가서 겪은 일을 두 가지 측면으로 이해할 수 있다. 하나는 우리에게 하나님이 베풀어주신 은혜, 즉 은혜로 얻은 구원이다. 이것은 우리 인생에서 가장 중요한 전제에 해당한다. 또 하나는 하나님께 받은 은혜를 세상 속에서 사람들에게 베푸는 은혜, 즉 미덕의 실천이다. 룻과 보아스, 그리고 보아스의 밭에서 일하던 사람들을 중심으로 은혜의 두 측면을 함께 생각해보자.

받은 은혜,
크리스천의 구원

──────────── 룻기를 요약하라고 하면 여러 표현이 가능할 것이지만 '룻이 구원받은 이야기'라고 말할 수 있다. '보아스기'나 '나

오미기'가 아니라 '룻기'인 것을 보아도 룻이 주인공이다. 이방 여인 룻이 하나님 백성의 공동체 안으로 들어와 평안과 안식을 누리게 된 은혜의 역사를 중심으로 룻기를 기록하고 있다. 이보다 아름다운 구원의 역사를 찾아보기 힘들 정도로 멋진 은혜의 이야기를 담고 있다.

하나님의 구원사적 관점에서 보면 룻기는 이방 여인 룻을 통해 사사시대의 암울한 역사 속에서도 신앙과 혈통의 계승이 일어나는 과정을 담고 있다. 은혜를 통한 구원이 어떻게 지속되는지 그 과정을 하나님의 섭리의 관점으로 보여준다. 당장 사람들은 잘 이해하지 못해도 하나님의 섭리와 경륜은 룻과 나오미, 그리고 보아스와 주변 사람들을 통해 지속되고 있었다. 이런 과정을 거쳐서 그들은 아름다운 구원 역사의 주인공이 되었다. 이런 은혜는 오늘 룻기를 읽고 묵상하며 공부하는 우리를 통해서도 반복된다. 룻의 모습을 보면서 오늘 우리의 모습을 볼 수 있어야 한다.

룻기는 사사기의 부록이라고 할 수 있다. 배신과 죄악의 역사인 사사시대를 배경으로 하고 있지만(1:1), 그렇기 때문만은 아니다. 룻기는 죄악 역사가 가득한 사사시대에도 하나님의 은혜로 인한 구원의 역사가 계속되고 있음을 잘 보여주고 있다. 사사기에서 제대로 표현하지 못한 아름다운 구원의 이야기를 룻기를 통해 표현하고 있다.

사사기와는 너무나 큰 대조가 나타나고 있다. 사사기에서는 민족을 구하는 카리스마적 지도자인 사사들도 신앙이나 인품과 리더십이 지도자답지 못한 점이 많았다. 룻기의 마지막 부분에 다윗 왕까지 이어지는 족보를 참고하여 룻기의 연대를 추정해보니 기드온이 사사로 있을 때쯤에 벌어진 일인 것을 알 수 있다. 기드온은 대단하지 않았는가? 300명의 특별하지도 않은 병사들을 무작위로 뽑아서 데리고 나가 메뚜기 떼같이 많은 미디안 군대를 무찌르고 돌아왔다. 그런데 기드온은 아내들이 많아서 자식들도 많이 낳았는데, 아들만 무려 70명이었다. 나중에 한 아들을 제외한 모든 아들이 기드온의 첩의 아들인 아비멜렉에게 한 자리에서 죽임을 당한다. 사사시대의 지도자의 영성이 이런 수준이었다.

사사 입다도 마찬가지였다. 혀를 제어하지 못하고 맹세를 남발했다. 전쟁에 나가 승리하고 돌아오면 가장 먼저 환영하러 나오는 사람을 제물로 바치겠다고 했다. 그런데 사람을 바치는 제물을 하나님이 기뻐하시겠는가? 그런데도 결국 입다는 맹세를 지키기 위해 딸을 제물로 드린 비정한 아버지가 되었다. 삼손도 대단히 튀는 사람이었다. 그의 여성 편력은 뉴스거리였다. 요즘 같으면 엽색 행각이 신문에 날 정도인 사람이었다. 이렇게 왕이 없어서 사람들이 자기 소견에 옳은 대로 행동하는 암울한 시대에 진정한 구원의 역사와 멋진 하나님의 사람들을 룻기가 보여주고 있다.

룻과 보아스의 관계가 바로 그 구원의 역사를 보여준다. 보아스는 "능력이 그에게 있다"는 이름의 뜻을 가진 사람으로 유력한 자였다(2:1). 보아스는 이방 여인 룻에게 일할 수 있는 기회를 주고, 잃었던 땅을 찾아주며, 계대결혼을 통해 안식과 구원을 베풀어주었다. 이 보아스와 룻의 관계가 바로 은혜를 통한 구원을 묘사해준다.

또한 보아스와 룻의 관계는 예수님과 교회 혹은 성도의 관계를 보여주는 예표이기도 하다. 보아스는 구약성경에 나오는 예수님의 예표들 중 하나로 볼 수 있다. 보아스가 연약한 여인 룻을 돌봐주고 룻과 결혼한 것은 예수님과 우리 성도들의 관계를 보여준다. 예수님은 선한 목자로서 성도들인 양들을 돌봐주신다(요 10:11). 또한 예수님은 신랑으로서 신부인 교회, 즉 성도들과 결혼해주신다(계 21:2,9). 이렇게 보아스와 룻이 예수님과 성도의 관계를 미리 보여주고 있다. 이런 것들이 바로 룻기가 우리에게 보여주는 구원의 이미지들이다.

아울러 룻이 체험했던 구원은 구체적으로 '고엘제도'를 통한 은혜이기도 하다. 아마도 땅을 팔고 모압으로 이주했을 엘리멜렉의 아들들은 대를 이을 자녀를 낳지 못하고 세상을 떠나고 말았다. 이렇게 대가 끊긴 가정의 땅을 '되찾아주는 사람'이 바로 '고엘'이다. 고엘은 그 대가 끊긴 집안의 여인과 결혼하여 대를 이어주기도 했다. '친족'이라고 표현된 단어가 바로 이 사람을 말한다(2:1).

이 고엘제도를 통해 룻은 보아스의 호의를 입었다. 그래서 가정을 회복하고 대를 이을 수 있게 되었다. 엘리멜렉이 베들레헴을 떠나면서 땅을 팔고 갔다면 그 땅은 안식년이 일곱 번 반복된 다음해인 희년 때까지 회복할 수 없었다. 그래서 고엘이 나서서 희년이 되기 전에 미리 그 땅을 되사서 회복시켜주어야 했다. 그래야 두 여인이 그 땅을 근거로 생활할 수 있었기 때문이다. 바로 이 일을 고엘이었던 보아스가 나서서 해주었다.

이렇게 대를 이어 가문을 유지하게 해주고 토지를 대신 구입해

주어 생활할 수 있게 하는 율법의 은혜 시스템을 통해서 룻은 하나님의 은혜를 체험할 수 있었다. 이것이 바로 룻이 받은 은혜였다. 삶속에 밀착되고 현실감 있게 구체적으로 경험한 구원이었다.

또한 룻기 2장 3~4절에서 볼 수 있는 '우연히'와 '마침'이라는 단어도 하나님의 은혜를 보여준다. "룻이 가서 베는 자를 따라 밭에서 이삭을 줍는데 '우연히' 엘리멜렉의 친족 보아스에게 속한 밭에 이르렀더라. '마침' 보아스가 베들레헴에서부터 와서 베는 자들에게 이르되 '여호와께서 너희와 함께 하시기를 원하노라' 하니 그들이 대답하되 '여호와께서 당신에게 복 주시기를 원하나이다' 하니라."

이방 여인이었고 남편도 죽고 홀로 된 시어머니를 부양해야 했던 룻이 생계를 위해서 이삭줍기 아르바이트를 나갔다. 어느 날, 우연히 한 밭에 이르렀는데 그 밭이 바로 보아스의 밭이었다. 그 사람은 죽은 남편의 친척이었고, 고엘 후보 중 한 사람이었다. 마침 그때 그 보아스가 성 안에서 자신의 밭으로 나와 이 여인 룻을 보게 되었다. 이렇게 우연히, 마침 시간이 딱딱 맞아서 일이 이루어지는 것 같은데, 이런 우연과 마침은 그야말로 목적 없이 이루어진 요행이 아니었다. 하나님이 그렇게 치밀하게 섭리하시는데, 그것을 인간의 눈으로 보고 이해한 관점으로 표현했다.

룻이 이삭줍기를 나가서 우연히 보아스의 밭에 발길이 닿은 것 같지만 하나님은 이미 뜻을 가지고 그 상황을 계획하고 인도하셨다. 한마디로 말해서 이것을 '세렌디피티'(serendipity)라고 표현할 수 있다. 세렌디피티란 뜻밖에 발견한 행운이나 그 능력을 의미하는데,

우리는 '크리스천 세렌디피티'를 생각해볼 수 있다. 그야말로 기대하지 못한 하나님의 은혜이다. 이렇게 인생에서 세렌디피티의 은혜를 체험하기 위해 우리가 해야 할 일은 무엇일까?

이어령 박사의 책「젊음의 탄생」(생각의나무 펴냄, 61-63쪽)에 보면 카니자의 삼각형, 물음느낌표, 오리-토끼 일러스트, 매시 업 등 총 아홉 개의 매직카드들이 나온다. 그중 세 번째인 '개미의 동선'을 보면 흥미롭다. 우리 인생의 세렌디피티가 어떤 의미를 가지고 있는지 잘 보여준다.

한 생태학자가 개미의 행동을 추적해 그 동선을 기록해 놓았다. 우리는 보통 개미가 일사불란하고 체계적으로 움직일 것이라고 생각한다. 개미가 집단생활을 하기 때문이다. 하지만 전혀 딴판이라고 한다. 개미는 먹이를 찾기 위해 마치 실타래가 뒤엉킨 것처럼 어수선하게 움직인다. 먹이가 어디에 떨어져 있는지 모르니 이렇게 마음대로 배회하는 것일까? 그 동선을 보면 방황한다고 보는 것이 정확하다. 왔던 자리도 무수하게 다시 오며 돌아다닌다.

그런데 먹이를 발견한 개미는 먹이를 물고는 자기 집을 향해 직선으로 달려간다. 그렇게도 헤맨 후 위치에서 제 집 구멍까지의 최단 경로를 따라 귀신같이 일직선으로 간다. 내비게이션도 없는데 어쩌면 이렇게 방향을 정확히 알 수 있는가? 미스터리가 아닐 수 없다. 학자들이 연구한 바는 개미들이 먹이를 찾는 동안 태양과의 각도를 재두었다가 먹이를 물고 180도 회전하여 집으로 향하는 것이라고 한다.

그런데 아프리카 사하라 사막에 사는 개미 같은 경우는 더욱 신기하다. 우리가 보는 개미는 우리 눈엔 보이지 않지만 일정한 지형지물이 있으니 길을 기억하기가 수월할 수 있다. 그런데 사막 한가운데 사는 개미들은 주변에 보이는 것들이 비슷한 크기의 모래 알갱이들뿐이지 않은가? 모든 것을 태울 것 같은 햇볕 때문에 냄새를 남겨 자취를 찾기도 쉽지 않다. 그런데도 사하라 사막 개미들이 먹이를 발견한 후에는 자기 집이 있는 방향을 기막히게 안다고 한다. 그저 태양의 각도를 재서 방향만 180도 회전하는 것만이 아니다. 스위스 취리히대학의 뤼디거 베너 박사는 사하라 사막에 사는 개미들이 빈번하게 방향을 틀 때마다 태양의 각도를 일일이 재서 다 계산해 두었다가 자기 집의 위치를 파악한다는 점을 입증했다. 놀라운 일이 아닐 수 없다(최재천, 「개미제국의 발견」, 사이언스북스 펴냄, 71-73쪽).

　　그것도 개미들이 그냥 집으로 돌아가는 것이 아니라 페로몬이라는 물질을 분비해서 자신의 궤적을 동료들에게 알려준다. 그러면 집 안에 있던 동료 개미들은 그 개미가 그 먹이를 얻기 위해 방황하는 과정을 거치지 않고 먹이가 있는 위치까지 일직선으로 행렬을 이루어서 가고 먹이를 집으로 운반해 온다. 그런데 그 개미들은 페로몬을 분비할 때 다음번 개미들만 알아차릴 수 있는 양만 분비한다. 그다음 개미가 상황을 파악하여 또 페로몬을 분비하는 식이다. 그리고 마지막 먹이를 가져오는 개미는 먹이가 더 이상 없으니 페로몬을 분비하지 않는다. 동료들이 헛고생을 하지 않도록 말이다.

　　우리는 개미가 똑바로 자신의 집을 향해 회귀하는 그 곧은 선만을 생각하고 그 먹이를 찾기까지 수많은 궤적을 그리던 곡선들을 무시한다. 낭비라고 생각한다. 그러나 개미가 지나간 어수선한 동선들이 의미가 없지는 않다. 먹이를 찾은 후 하나의 구멍을 향해서 똑바로 뻗어간 선과 그 무수한 동선들이 결합할 때 진정한 기적의 세렌디피티가 나온다.

룻이 바로 그 과정을 보여준다. 세렌디피티는 그저 넝쿨 채 굴러들어오는 호박 덩어리가 아니다. 룻은 자신의 인생에 주어지는 결과만을 기대하며 가만히 집에 앉아 있지 않았다. 나가서 열심히 일하면서 하나님의 섭리와 경륜의 과정을 감당해 나갔다. 룻이 일하러 나가는 결심을 실천하며 일상의 과정에 충실하지 않았다면 룻기의 결말에서 보는 놀라운 역사가 일어나기 힘들었다. 보리 추수를 하는 때에 이 밭 저 밭 돌아다니다 보니 하나님이 보아스의 밭으로 발걸음을 인도하셨고, 마침 그때 늘 자기 밭에 머물지는 않는 보아스가 베들레헴 성 안에서 자기 밭으로 나와 룻을 보게 되었다. 룻이 만약 가만히 집에 앉아 있었다면 이런 일이 어떻게 이루어졌겠는가?

하나님의 섭리를 기대하면서 우리는 우리에게 주어진 일상의 과정에 충실해야 한다. 그때 하나님의 놀라운 구원의 역사가 있다. "우리가 알거니와 하나님을 사랑하는 자 곧 그의 뜻대로 부르심을 입은 자들에게는 모든 것이 합력하여 선을 이루느니라"(롬 8:28)는 말씀이 우리 인생에서도 역사하시는 구원의 섭리에 대해 잘 정리해준다. 모든 것이 합력하여 선을 이룰 수 있도록 우리는 모든 노력을 다 기울여 하루하루의 삶을 살아나가야 한다. 그야말로 하나님의 세렌디피티이다.

롯이 받은 은혜를 통해 우리는 지난 섹션 2에서 다룬 우리의 구원을 다시 한번 확인해볼 수 있었다. 칭의를 통해 구원받았다는 확증을 받고, 사람들과의 관계(성화)를 통해 구원이 이루어지는 과정이다. 이렇게 은혜를 받아 누리는 삶이 구원이다. 이제 이렇게 구원받은 은혜에 대한 감사와 더불어 일상 속으로 구원의 은혜를 확산할 수 있어야 한다.

베푸는 은혜,
크리스천의 미덕

──────────── 사랑을 받기만 하지 말고 나누어주어야 하듯이 받은 은혜 역시 나누어야 한다. 은혜를 베풀어야 참된 은혜의 삶을 사는 그리스도인이다. 은혜를 베풀기는 미덕이라고 할 수 있다. 구원받은 사람은 당연히 미덕을 드러내게 되어 있다. 룻기에 등장하는 사람들이 바로 그런 미덕을 보여준다. 그들이 보여주는 미덕이 아름답고 눈에 띄는 이유가 있었는데, 그들이 살던 사사시대가 악덕으로 가득한 시대였기 때문이다.

사사시대의 특징은 '또'라는 단어로 설명할 수 있다. 이스라엘 백성들의 범죄와 그에 대한 하나님의 징벌 사이클이 다람쥐 쳇바퀴 돌 듯 일곱 차례나 반복된다. 이런 식이었다. 하나님을 떠나 죄악에 빠진 이스라엘 백성들을 하나님이 징계하신다. 이웃 나라의 압제를 당하게 된다. 그러면 고통을 겪던 백성들이 회개하며 하나님께 간구한다. 하나님은 사사를 보내 이스라엘에 구원의 은혜를 베풀어주신다. 압제에서 해방된 후 사사들이 통치하는 평화기가 찾아온다. 그러면 또다시 백성들은 죄악에 빠진다. 이후 하나님이 그들을 이웃나라의 압제에 빠지게 하시고, 다시금 회개하고 돌이키는 과정이 반복된다.

앞에서 사사시대에는 사사들의 인품에 문제가 있다는 점을 살펴보았는데, 바로 그 시대의 문화와 영적 수준을 잘 반영해준다. 지도자들도 당시 사회의 영향을 받았다. 상상하기 힘든 악덕이 만연하는 현실을 사사기 기자는 사사기의 뒷부분의 몇 가지 충격적인 사건들을 통해 보여주고 있다(삿 17-21장).

미가의 집에 있던 개인 우상과 개인 제사장의 고용, 단지파가 제사장을 빼앗아가는 횡포를 부리는 사건, 레위인이 첩을 데려오다가 윤간을 당하여 죽자 시신을 토막 내 각 지파에 보내 공분을 유발해 벌어진 동족상잔의 전쟁, 전쟁 와중에 베냐민 지파의 몰락 위기와 아내를 얻어주는 편법 등 온갖 악덕이 난무하는 사사시대의 암울함을 볼 수 있다.

룻기의 사람들이 보여주는 미덕이 더욱 빛나게 하기 위해 그 시대의 악덕을 살펴보자. 먼저 미가의 우상 이야기이다. 미가는 어머니의 은을 훔쳤다가 어머니가 저주를 하자 돌려주었고, 그러자 어머니가 기념으로 우상을 만들어주었다. 그 우상을 자기 집에다 모셔놓은 미가는 아론의 후손인 제사장이 아니라 베들레헴 출신으로 떠돌던 레위인 한 사람을 개인 제사장으로 삼았다. 그러다가 단 지파 사람들에게 신상과 제사장을 다 빼앗겼다. 단 지파 사람들은 거주할 기업의 땅을 찾다가 미가의 제사장에게 길을 물은 후, 나중에 그곳으로 가면서 신상도 제사장도 빼앗아가버렸다. 이 모든 일은 이스라엘에 왕이 없었기 때문에 사람마다 자기 소견에 옳은 대로 행했기 때문이라고 사사기 기자는 후렴구처럼 말하고 있다(삿 17:6, 18:1, 19:1, 21:25).

또 에브라임 산지에 사는 한 레위인은 전국 투어를 하면서 엽색 행각을 벌였다. 그리고 베들레헴에서 첩을 맞이했다. 그런데 그 첩이 음행한 후 친정으로 도망갔다. 그 첩을 다시 데려오기 위해 베들레헴으로 갔다가 장인이 붙드는 바람에 날이 저물 때 출발했다. 베냐민 땅 기브아에서 유숙하려고 했으나 아무도 영접하는 사람이 없었다. 동향인 에브라임 출신의 한 노인이 호의를 베풀어 그 집에서 유숙하게 되었다. 그런데 동네 불량배들이 외부인인 레위인과 관계하겠다고 덤볐다. 결국 레위인이 내준 첩이 불량배들에게 윤간을 당한 후 죽고 말았다. 그 시체를 자기 집으로 가져간 레위인이 시체를 열두 토막 내서 이스라엘 각 지파에 보냈다.

그러자 이스라엘 사람들은 이런 일은 출애굽 이후 본 적이 없는 악행이라면서 총회를 소집하고 기브아 땅이 속한 베냐민 지파와 전쟁을 했다. 기브아 사람들도 악행을 저질렀지만 레위인이 첩을 얻고 그녀를 불량배들에게 내주고 시신을 훼손하여 전국에 보낸 일은 잘한 일이란 말인가! 여하튼 우여곡절 끝에 처음에는 지던 전쟁을 이

기게 된 이스라엘 사람들은 베냐민 지파의 남자들 600명만 남기고 몰살시켰다. 그러자 이제는 한 지파가 없어질 것 같다는 우려를 하게 되고, 여인 600명을 구해서 베냐민 남자들을 결혼시키기로 했다. 미스바에서 총회를 할 때 빠진 종족 야베스 길르앗으로 쳐들어가서 남자와 부녀와 어린아이들을 죽이고, 400명의 처녀들을 베냐민 사람들에게 주어 결혼하게 했다. 모자라는 200명은 그들 스스로 구하게 했다. 실로에서 절기 때 춤추러 나오는 여인들을 붙들어가서 아내로 삼게 허용했다.

이런 엄청난 악덕이 모두 하나님의 이름으로 행해지고 있다니 보통 문제가 아니었다. 결코 평범해 보이지 않는 악한 일들이 벌어졌다. 그런데 그들은 이런 행동을 하면서 하나님께 기도하며 하나님의 뜻을 찾았고, 하나님의 이름으로 맹세하면서 모든 일을 처리했다. 사사시대는 이렇게 악덕이 난무하던 시대였다. 그런 사사시대에 룻기의 사람들이 보여주는 미덕이 더욱 빛난다.

악한 시대 속에 살아갔던 룻기의 등장인물들은 구원받은 사람들이 자신이 받은 구원의 은혜를 사람들에게 베푸는 미덕을 보여준다. 구원받은 우리가 세상을 살아가면서 발휘해야 할 미덕을 이 사람들을 통해서 살펴볼 수 있다. 특히 보리를 추수하는 베들레헴 들녘의 풍경 속에서 벌어진 사건이니 일터의 관점으로 볼 수 있다. 이제 일하는 사람들이 보여준 미덕을 확인해보자.

기회 앞에 용기 있게
도전하고 감사하라

—————————— 먼저 룻을 살펴보자. 룻은 요즘 식으로 말하면 비정규직 노동자이고 직업을 구하기 위해 노력하는 '청년실업자' 이기도 했다. 그런데 룻은 기회 앞에 용기 있게 도전하며 감사하는 멋진 청년의 모습을 보여준다. 룻은 가난하고 소외된 사람들에게 은혜를 베푸는 율법에 대한 지식을 가지고 있었다. 레위기와 신명기 등에 기록되어 있는 이삭줍기를 허용하는 율법을 룻은 숙지하고 있었다. 이런 내용들이다.

"너희가 너희의 땅에서 곡식을 거둘 때에 너는 밭 모퉁이까지 다 거두지 말고 네 떨어진 이삭도 줍지 말며"(레 19:9).

"너희 땅의 곡물을 벨 때에 밭 모퉁이까지 다 베지 말며 떨어진 것을 줍지 말고 그것을 가난한 자와 거류민을 위하여 남겨두라. 나는 너희의 하나님 여호와이니라"(레 23:22).

"네가 밭에서 곡식을 벨 때에 그 한 뭇을 밭에 잊어버렸거든 다시 가서 가져오지 말고 나그네와 고아와 과부를 위하여 남겨두라. 그리하면 네 하나님 여호와께서 네 손으로 하는 모든 일에 복을 내리시리라"(신 24:19).

아마도 룻은 이런 내용의 율법을 시어머니 나오미에게 배웠을 것이다. 그리고 그 배움을 기억하고 있었다. 룻은 자청하여 일하겠다고 시어머니를 설득했고 일하러 나갔다.

"원하건대 내가 밭으로 가서 내가 누구에게 은혜를 입으면 그를 따라서 이삭을 줍겠나이다"(2:2).

룻은 이렇게 은혜를 입어 이삭을 주울 수 있음을 분명하게 알고 시어머니에게 제안했다. 룻은 타문화권에 온 이방 여인이기에 주저하거나 가만히 앉아 있지 않았다. 어떻게 하면 가만히 앉아서 먹고 살 수 있을지 잔머리를 굴리지 않았다. 부지런히 일할 결심을 했다. 노동을 갈망했다. 룻의 열정을 알아차린 나오미는 "내 딸아 갈지어다"라고 허락했다. 아니 허락할 수밖에 없었다. 그 방법 외에는 당장 생계를 유지할 수 있는 길이 없었기 때문이다.

이렇게 살아갈 수 있는 방법을 분명히 숙지한 룻은 자신에게 그런 기회가 허락된 것에 감사하면서 친히 일하러 나서는 용기를 보여주었다. 이방 여인이었지만 신앙적 결단을 통해 이스라엘로 돌아온 자신에게도 은혜가 베풀어지기를 기대했다.

또한 룻은 자신에게 호의를 베풀어준 보아스에게 적극적으로 감사를 표현하고 있다. 룻이 보아스의 밭에 가게 되었을 때 보아스는 룻을 보고 확인한 후에 파격적인 은혜를 베풀어주었다. 다른 밭으로 가지 말고 그 밭에서만 이삭을 줍게 해주고, 일꾼들의 성희롱이나 성추행도 막아주며, 목이 마를 때 일꾼들이 길어온 물도 마시게 해주었다(2:8-9). 그러자 룻이 어떤 반응을 보이는가? 룻이 엎드려 얼굴을 땅에 대고 절하며 보아스에게 말했다.

"나는 이방 여인이거늘 당신이 어찌하여 내게 은혜를 베푸시며 나를 돌보시나이까"(10절).

또 말한다. "내 주여 내가 당신께 은혜 입기를 원하나이다. 나는 당신의 하녀 중의 하나와도 같지 못하오나 당신이 이 하녀를 위로하시고 마음을 기쁘게 하는 말씀을 하셨나이다"(13절).

룻은 이삭을 줍는 권리를 알고 있었지만 그 권리를 주장하지 않았다. 자신에게 베풀어진 호의와 배려에 감사할 줄 알았다. 당연한 것이 아니라 감사해야 하는 것을 룻은 잘 알고 있었다. 감사를 표현하는 일은 아름다운 미덕이다. 오늘 우리 크리스천들도 꼭 실천해야 할 귀중한 덕목이다.

룻은 이렇게 자신의 일과 관계된 법을 숙지하고 있었고, 용기를 가지고 일터 현장으로 나섰으며, 기회가 주어진 것에 감사하면서 적극적으로 그 감사를 표현했다. 청년실업시대에 멋지게 미래를 꾸려나가는 크리스천 청년의 모델로도 손색이 없다.

공중파 방송이 아닌 종편TV에서 방영한 드라마 〈미생〉이 많은 사람의 관심을 불러일으켰다. 나는 이미 만화책으로 아홉 권을 다 읽었는데 드라마로 보니 또 다른 흥미와 역동을 느낄 수 있었다. 신입사원인 장그래는 탁월하게 자기 역할을 해낸다. 그는 고졸에 그것도 검정고시 출신이었다. 외국어도 못하고 뭐 하나 잘하는 스펙도 없으며 낙하산 연줄로 인턴사원이 되었는데, 상사들에게 '이런 신입사원이 있나?' 싶은 생각이 들게 만들 정도였다.

그런데 장그래라는 캐릭터는 무리하게 꾸며낸 비현실적 인물이 아니라는 것을 알 수 있다. 장그래는 어릴 때부터 바둑 수업을 받으면서 수많은 위기 상황의 해결 방법을 익혔다. 도제수업 방식으로, 오랜 시간 집중해서 공부를 하며 바둑으로 입단하기 위한 노력을 다

했다. 집안이 가난해서 여러 가지 아르바이트를 하면서 성실함을 몸에 익혔고, 숱한 사람들을 상대하며 내공을 쌓았다. 그렇게 사회 밑바닥을 잘 알고 있었다. 그래서 마음도 따뜻하고 사람 생각할 줄 아는 신입사원이었다. 드라마를 보면 장그래가 업무는 아무것도 몰라서 허둥댈 때도 눈치는 얼마나 빠른지 모른다. 바로 그런 인간관계의 내공이 치열한 무역업을 하는 상사맨들 사이에서도 나타났다.

세상엔 만만한 일이 전혀 없다는 사실을 절감하면서 인턴 프로그램을 진행하는 중에 프레젠테이션과 상대방을 설득해 물건을 파는 경연 장면이 나온다. 그때에도 장그래는 현장 근무를 중요하게 여기며 인정받는 막강한 동료 인턴에게 선배들의 실내화를 끝내 팔고야 만다. 현장에서 흘리는 땀은 공장이나 영업 현장에서만 볼 수 있는 것이 아니라 기획하고 문제들을 예상하고 치열하게 계획을 실천해 나가는 사무실에서도 볼 수 있고, 그것이 그 발 냄새가 배어 있는 실내화 속에 담겨 있다고 설득한다. 현실에 만족하지 못하지만 주어진 여건에 감사하면서 돌파구를 찾는 이런 자세가 정말 멋졌다. 장기적인 청년실업시대, 아픈 청춘의 시기를 살아가는 우리 크리스천 청년들이 이렇게 룻이나 장그래와 같은 용기와 감사의 마인드를 가지면 좋겠다.

시편 126편은 감사를 노래하고 있다. 하나님이 이스라엘을 당시 최강제국 애굽 사람들의 손에서 인도하여 내셨다. 그 구원의 하나님께 감사하라고, 그 인자하심이 영원하다고 노래한다. 지옥행 열차를 타고 가면서 아무것도 모르고 키득거리던 나를 구원해주신 하나님, 내 인생을 새롭게 시작하신 하나님, 그 하나님께 감사하자고 노래한다.

이런 구원을 깨닫고 느낀 사람들은 이 절절한 감사가 무엇인지 안다. 하나님이 이스라엘 백성을 인도하여 그 힘들고 괴로운 광야를 통과하게 하셨다면 그 하나님께 감사해야 한다. 하나님이 이스라엘 백성들에게 땅을 기업으로 주셨다면 그 하나님께 감사하라고 시편 기자는 말한다. 그래서 시편 126편에서는 감사하라는 후렴구가 스물여섯 번이나 등장하고 있다.

우리는 감사를 훈련해야 한다. 감사의 훈련은 감사 제목을 적어 보는 방법만큼 좋은 것이 없다. 어떤 형태이든 자신의 비망록을 가지고 있으니 그곳에 적어 보면 좋다. 감사하는 내용을 적으려면 생각해야 하고 기억해야 한다. 찾아보면 사소한 것이라도 뭔가 감사한 것이 있다. 작은 호의를 받았던 것, 안 될 줄 알았던 일이 되었던 것, 그런 일들을 적어보라. 작은 일이어도 좋고 반복해서 적어도 괜찮다.

오늘도 하루를 출근하며 일했다는 반복되는 일상이 사실은 감사한 것이다. 가족들이 건강한 것도 감사거리다. 적어보면 뭔가 다르니 꼭 적어보기를 권한다. 적어보면 기억하게 되고 나중에 다시 읽어볼 수 있다. 한 달간의 기록을 읽어보면 느낌이 다르다. 내가 감사하는 사람이라는 것을 알고 더욱 감사하게 된다. 그러면서 우리는 감사가 주는 역동과 활력을 얻을 수 있다. 하나님의 사랑에 감사로 영광을 돌리고 사람들의 호의에 감사로 보답하면서 보람되고 멋진 인생을 살 수 있다.

오래 전에 종영했지만 세계 사람들을 울리고 웃겼던 공감의 토크쇼 〈오프라 윈프리 쇼〉가 있었다. 1986년부터 25년 동안 이 토크쇼를 진행했던 오프라 윈프리는 불우한 자신의 어린 시절을 신앙으로 극복했다. 자신의 불우했던 경험을 바탕으로 출연자들과 공감하며 많은 사람에게 큰 감동을 안겨주었다. 그런데 오프라 윈프리가 오래전부터 날마다 적고 있는 감사일기의 내용은 이제 너무도 유명하다. 그 내용을 보면 그다지 특이하지 않다는 점에 한 번 더 놀란다. 일상적이고 반복되는 일도 감사하고 있다. 이런 내용이다.

1. 오늘도 거뜬하게 잠자리에서 일어날 수 있어 감사합니다.
2. 유난히 눈부시고 파란 하늘을 보게 해주셔서 감사합니다.
3. 점심 때 맛있는 스파게티를 먹게 해주셔서 감사합니다.
4. 얄미운 짓을 한 동료에게 화내지 않았던 저의 참을성에 감사합니다.
5. 좋은 책을 읽었는데 그 책을 써준 작가에게 감사합니다.

오프라 윈프리는 이런 감사 목록을 작성해 기록하면서 인생에서 소중한 것이 무엇인지 알았다고 한다. 어디에 삶의 초점을 두어야 하는지 배우게 되었다고도 고백한다. 결국 감사의 습관이 오프라 윈프리를 만들었다고 말해도 좋다.

진심으로 섬기고
축복하고 베풀라

──────── 베푸는 은혜의 두 번째 미덕은 일터의 상하관계를 통해 확인할 수 있다. 보리를 추수하는 베들레헴 들녘에 뜬금없이 한 남자가 나타났다. 그는 보아스라는 사람인데 그는 룻기라는 무대에 등장할 때부터 첫 인상이 매우 좋은 사람이었다. 축복하며 무대에 등장하고 있다. 베들레헴 성에서 나와 자기 소유의 밭에 온 보아스는 들판에서 일하는 일꾼들을 이렇게 축복한다.

"여호와께서 너희와 함께하시기를 원하노라."

그러자 일꾼들도 화답하며 축복했다.

"여호와께서 당신에게 복 주시기를 원하나이다"(2:4).

일터에서 윗사람과 아랫사람들이 서로 진심으로 축복하는 모습을 볼 수 있다.

이렇게 일터에서 윗사람과 아랫사람이 축복을 주고받는 모습이 너무나 멋지다. 보아스와 일꾼들이 하나님을 섬기는 믿음이 그들의 일터 속 삶, 특히 직장인들이 참 힘들어하는 상하관계 속에 충분히 녹아 있다. 데이비드 애트킨슨이 지적한 대로 구약시대 이스라엘 사람들에게 있어서 예배와 노동에서 얻어지는 축복은 동일했다.

보아스의 인사말과 유사한 축복이 민수기 6장에도 나온다. "여호와는 네게 복을 주시고 너를 지키시기를 원하며 여호와는 그의 얼굴을 네게 비추사 은혜 베푸시기를 원하며 여호와는 그 얼굴을 네게로 향하여 드사 평강 주시기를 원하노라"(24-26절). 제사장이 제사를 주관하여 드린 후 제사에 참석한 회중이 돌아갈 때 했던 축복일 것이다. 이렇게 이스라엘 백성들은 예배와 노동이 구분되지 않고 성과 속은 전혀 별개의 것이 아니었다(「작은 여인을 위한 크신 하나님」, 기독지혜사 펴냄, 97쪽).

오늘날에도 이런 진심을 담은 축복이 노사관계나 일터의 상하관계 속의 많은 갈등을 해결하는 동기가 될 수 있다. 그저 날마다 하는 인사말이라고만 생각하지 말고 우리는 일터에서 서로 마음을 담아 사람들을 축복할 수 있어야 한다. 출퇴근 시간의 인사말에도 축복의 마음을 담아 인사할 수 있다. 보아스와 일꾼들의 축복은 하나님을 향한 기도이기도 했다.

윗사람은 아랫사람을 진정한 마음으로 축복해주어야 한다. 또한 윗사람은 아랫사람을 위해 기도해주어야 한다. 당신은 일터의 아랫사람을 위해 기도하고 있는가? 그의 아픔을 아는가? 아랫사람과 함께 근무하는 기간이 길어지면서 점점 그에 대해 더 많이 알아가고 있는가? 점차 친밀해짐을 느낄 수 있는가? 마음을 나누며 느끼는 감동이 있는지 확인해보라.

아랫사람도 윗사람에게 진정한 축복을 마음에 담아 인사할 수 있어야 한다. 날마다 하는 인사에도 축복하고 사랑하는 마음을 담을 수 있다면 얼마나 아름다운 일터의 상하관계가 이루어질 수 있겠는가? 또한 아랫사람도 윗사람을 위해 기도해주어야 한다. 교회에서 목회자들을 위해 성도들이 기도하는 것처럼 당연히 일터에서도 윗사람을 위해 기도해야 한다. 어떤 곳에서나 윗사람의 입장에서 리더십을 발휘해야 하는 역할은 쉽지 않다. 나름의 부담과 고민이 상당하다. 우리의 윗사람들이 그 쉽지 않은 일을 제대로 감당할 수 있도록 기도하며 응원해줄 수 있어야 한다.

일터에서는 많은 만남과 헤어짐이 있다. 경제적으로 어려운 시기에는 더욱 자주 반복되어 헤어짐에 대한 감각이 무뎌지는 경우도 있다. 하지만 함께 일하던 윗사람이나 아랫사람과 헤어질 때 어떤 말을 나누며 이별하기를 원하는가?

영화 〈딥 임팩트〉(Deep Impact, 미미 래더 감독, 1998)가 일터의 상하관계에서 나눌 수 있는 멋진 '고별사'를 보여준다. 직장인들이 회식자리에서 자주 하는 '건배사'보다 훨씬 의미 있고 감동적인 멘트이다. 영화의 마지막 부분에는 혜성의 충돌을 막아 지구를 구하려는 메시아 호 우주선에 탑승한 승무원들의 이야기가 나온다. 그들은 지구로 돌진하는 혜성으로 날아가 핵폭탄으로 혜성을 폭파시키려고 했으나 실패하고 지구로 귀환하는 중이었다. 그런데 지구에서는 보이지 않았는데 혜성의 뒤쪽에 커다란 분화구가 있는 것을 보았다. 대장이 그곳으로 우주선을 몰고 들어가 핵폭탄을 폭발시켜 혜성의 지구 충돌을 막자고 대원들에게 제안했다. 대원들이 그 자폭 작전에 동의했다. 죽음을 앞두고 대원들이 가족들과 나누는 교신의 내용이 감동적이다.

결혼 후 함께 교회에 나가기로 약속한 신혼의 아내를 둔 대원은 작전을 하러 나오느라 한번도 아내와 함께 교회에 가지 못했다. 꼭 교회에 나가라고 마지막 말로 아내에게 전도한다. 남편과 다섯 살쯤 되어 보이는 딸에게 홍일점 여성대원이 이별의 말을 전하며 사랑한다고 하는 모습도 안타깝다. 실명한 한 대원이 작전 중에 태어난 자기의 아들을 한번 볼 수도 없이 나누는 이별에도 눈물이 난다.

대원들이 다 가족들과 작별을 했고, 여성대원이 희생의 자폭작전 직전에 카운트다운을 시작한다. 그런데 혜성 충돌 후 지구를 구하기 위해 사람들을 피신시키는 작전을 하느라 군복무 중인 아들들을 만나지도 못한 메시아 호의 대장에게 여성대원이 이렇게 말한다.

"대장님을 모시게 되어 영광이었습니다."

그러자 대장이 여성대원과 모든 대원에게 이렇게 말한다.

"고맙다. 그동안 제군들과 함께해서 자랑스럽다."

이 멋진 대화가 마음에 와 닿는다. 윗사람과 아랫사람이 나눌 수 있는 어떤 이별의 말이 이보다 더 가슴 벅차고 감동적일 수 있을까? 함께 직장생활하면서 모시던 윗사람에게 이렇게 고마움을 표현할 수 있다면 얼마나 감사한 일인가? 윗사람은 아랫사람이 자랑스럽다며 고마움을 표현한다면 이보다 더 아름다운 고별사가 어디 있겠는가? 이런 멋진 장면을 영화 〈딥 임팩트〉가 보여주고 있다.

세 번째 미덕은 보아스가 신임하던 사환, 즉 중간관리자의 모범적인 직무수행을 통해 확인할 수 있다. 보아스의 밭일을 책임지는 사환은 오늘날 일터의 중간관리자라고 할 수 있다. 추수하는 자들의 관리를 책임진 감독관을 말한다. 못 보던 여인이 그의 일터에 보이자 보아스가 누구인지 질문한다. 그러자 사환이 대답했다.

"이는 나오미와 함께 모압 지방에서 돌아온 모압 소녀인데 그의 말이 '나로 베는 자를 따라 단 사이에서 이삭을 줍게 하소서' 하였고 아침부터 와서는 잠시 집에서 쉰 외에 지금까지 계속하는 중이니이다"(2:6-7).

이 사환은 중간관리자의 모범적인 미덕을 보여준다. 사환은 자신이 모시고 있는 경영자인 보아스의 경영철학을 숙지하며 책임감을 가지고 일하고 있었다. 즉 밭의 주인은 약자를 돌보고 그들에게도 생계를 꾸릴 기회를 주어야 하는 율법 내용을 숙지하고 있었다. 보아스는 이방 여인인 룻이 "이스라엘의 하나님 여호와께서 그의 날개 아래에 보호를 받으러 온"(2:12) 여인이라고 생각하고 있었다. 사환은 평소에 자주 대화하고 함께 일하면서 자신이 모시고 있는 경영자 보아스의 경영철학을 잘 파악하고 있었다. 자신이 일하는 일터의 '사명선언서'를 늘 염두에 두고 있었음이 틀림없다. 사환이 과부인 이방 여인 룻에게 자신의 주인 보아스의 밭에서 일할 수 있는 기회를 준 것이 이 사실을 잘 보여준다.

또한 사환은 자신의 재량을 적극적으로 발휘하면서 책임의식을 가지고 일했다. 적극적 위임을 시행하고 있었다. 오늘날로 말하면 비정규직 직원인 룻에게 호의를 베풀어준 셈이다. 룻이 사환에게 요구한 '단 사이에서 이삭을 줍는 일'(2:7)은 특별한 혜택이었다. 보통 이삭을 줍는 사람들은 추수꾼들이 곡식을 다 베고 지나간 후에 뒤따라가면서 떨어진 이삭을 주웠다. 그런데 룻이 추수꾼들 가까운 곳에서 이삭을 줍도록 요구한 것을 사환이 허락했다. 이것은 다른 사람들보다 룻에게 더 호의를 베풀어준 것이라고 볼 수 있다. 주인인 보아스의 의중을 사환이 이미 알고 있었기에 이런 결정을 할 수 있었다고 생각한다. 윗사람이라면 어떻게 했을까 판단하여 책임을 지고 일하는 멋진 위임의 사례를 이 사환이 보여준다.

아울러 사환은 룻이 아침부터 와서 열심히 일하고 잠시 집에 가서 쉬고는 다시 와서 계속 열심히 일한다고 보아스에게 보고했다(2:7). 사환은 룻이 일하는 상황을 잘 파악하고 있었다. 사환은 중간관리자로서 일하는 직원들의 동선을 철저하게 파악하고 있었음을 알 수 있다. 중간관리자로서 모범적으로 일하는 모습을 보여준다. 이것 또한 일하는 사람들의 멋진 미덕이다.

네 번째로 일하는 사람들의 미덕을 보여준 사람은 '경영자' 보아스이다. 한마디로 평가하면 경영자 보아스는 너그러움의 경영을 실천하고 있었다. 보아스는 자기 소유의 밭에 와서 '일'보다 먼저 '사람'에게 관심을 보였다. 보리의 작황이 어떤지, 추수 작업은 제대로 진행되고 있는지 먼저 확인하지 않았다. 왜 궁금하지 않았겠는가? 그런데 일하는 사람들을 축복하며 인사한 후에 가장 먼저 "이는 누구의 소녀냐?"라면서 이삭을 줍는 한 사람에게 관심을 보였다(2:4-5). 이렇게 사람에게 먼저 관심을 가지면 사업의 장이 사역의 장으로 변한다! 보아스는 그의 신앙이 삶의 현장, 즉 그의 일터에서 드러난 사람이다. 그의 믿음을 일하는 사람들이 알아차릴 수 있었다.

중국 쑤저우에서 만난 한 재중사업가는 자신이 직접 경험한 사람 중심의 경영을 이야기해주었다. 한국기업의 상사주재원으로 중국에 가서 일하다가 중국 여인과 결혼해서 쑤저우에 정착하였다. 그런데 본인의 적극적인 의사가 아니라 상황이 그렇게 전개되어 한 도산한 회사를 인수하여 경영을 맡게 되었다. 처음에는 대다수의 직원들이 총경리(사장)인 자신의 눈치를 보는 게 짜증스럽고 힘이 들었다고 한다. 자신도 경영은 처음인지라 하나님께 기도하면서 다른 무엇보다도 사람들에게 마음을 열었다고 한다. 일하는 중국 사람들에게 최대한 관심을 보이면서 안심시키고 함께 일하는 공동체임을 강조하자 기업의 경영 부분도 점차 안정을 찾았다고 한다.

보아스의 사람에 대한 관심은 호칭에서도 나타났다. 보아스는 룻을 "내 딸아!"라고 부르며 자상한 관심을 보이고 있다(2:8). 나이가 많아서 아버지뻘 되기 때문이기도 했겠으나 나이가 많다는 이유만으로 이렇게 다정한 애칭으로 초면인 사람을 부르기는 쉽지 않다. 시어머니인 나오미가 며느리 룻을 부르던(2:2,22) 바로 그 호칭으로 보아스가 룻을 부르고 있다.

룻이 누구인지 확인하고 난 보아스는 다른 밭에 가지 말고 자신의 밭에서만 일하도록 배려하기도 했다. 또한 룻이 일꾼들이 떠온 물을 마실 수 있도록 배려해주기도 했다. 아울러 거친 노동을 하는 일터에서 젊은 이방 여인이 성희롱이나 성추행으로부터 안전할 수 있도록 일꾼들에게 특별하게 지시하여 단속했다(2:8-9).

보아스가 자신의 집안에서 일하는 소년과 소녀들을 언급하면서 룻을 배려하는 말 속에서는 '일터 가족'의 이미지를 엿볼 수 있다.

'가정 같은 일터'를 꿈꾸고 일터의 직원들을 '가족'이라고 종종 부르지만 듣는 사람의 입장에서는 입에 발린 표현일 수도 있다. 일터에서 가족의 느낌을 갖기란 쉽지 않다. 사도 바울이 디모데에게 보낸 편지에서 성도들을 대하는 태도를 '가족같이' 하면 된다고 권면하는 것도 참고할 수 있다. 바울은 늙은이에게는 아버지에게 하듯이 하고, 젊은이에게는 형제에게 하듯이 하라고 권한다. 늙은 여자에게는 어머니에게 하듯이 하고, 젊은 여자에게는 온전히 깨끗함으로 자매에게 하듯이 하라고 권면한다(딤전 5:1-2). 마치 보아스가 룻을 바울이 젊은 여자에게 하듯 하라고 하는 자매처럼 온전히 깨끗함으로 보호해주는 모습을 볼 수 있다.

또한 사람 사랑을 실천하는 데 있어서 보아스는 그저 자선의 방법으로 도와주기만 한 것이 아니었다. 계속 일을 하게 하면서 룻을 배려하는 모습을 보여준다. 오후에 다시 일을 시작할 때 자신의 일꾼들에게 룻을 잘 돌봐주라고 하면서 곡식 다발에서 조금씩 뽑아버려서 룻이 줍게 하라고 했다(2:15-16).

미국의 성공학 강사인 지그 지글러 박사가 뉴욕의 한 지하도에서 연필을 1달러에 팔고 있는 걸인을 만났다. 대부분의 사람들은 1달러를 주고는 연필을 받지 않은 채 돌려주고 그냥 갔다. 지글러도 그렇게 지나쳐 가다가 다시 되돌아왔다. 그리고 걸인에게 1달러에 판 그 연필을 달라고 했다. 연필을 받은 지글러가 이렇게 말했다.

"이제 당신도 나와 같은 사업가요, 더 이상 걸인이 아닙니다."

훗날 그 걸인이 큰 사업가가 되어 지글러 박사를 찾아와 이렇게 고백했다.

"당시 돈만 주고 갔던 사람들을 보며 저는 거지의 자화상을 갖게 되었습니다. 그런데 '당신도 나와 똑같은 사업가'라는 박사님의 말씀에 도전을 받고 제 인생을 바꿀 수 있었습니다."

보아스가 룻에게 계속 일을 하게 하면서 이런 자립심을 심어주었다. 보아스는 도움이 필요한 사람이라고 해서 무작정 도와주지 않았다. 일하며 자립할 수 있도록 도움을 주면서 자존심도 세워주었다. 이것이 바로 사람을 세우는 너그러움의 경영이 아니겠는가? 물론 보아스의 입장에서 보면 룻이 죽은 친척 집안의 며느리고 특별히 가까운 관계였다. 팔이 안으로 굽듯이 가까운 친척에게 자비를 베풀었다. 그런데 가진 자로서 연약한 사람을 배려하고 호의를 베푼 것 또한 틀림없다. 또 다른 고엘 후보였고 더 가까운 사이여서 우선순위에서 앞선 친족은 아무런 행동을 하지 않았다. 친척이라고 다 보아스처럼 너그럽지는 않았다.

경영자가 직원들에게 너그러움을 베풀며 조금 더 재정을 여유롭게 사용하는 것은 손해이기만 할까? 반대로 인색한 경영이 오히려 더 손해 보는 경영은 아닐까 생각해본다. 인색하다 보면 나중에 평판이 나빠져서 손해를 볼 수 있다. 또한 충분히 보호받고 관심을 받지 못한 직원들로 인해 일의 진행이 더디고 사고라도 난다면 어떻게 될까? 인색해서 얻은 재정적 이익보다 더 큰 손해를 볼 가능성이 크다.

이렇게 약자를 보호하는 보아스의 행동은 그의 생각 속에 분명하게 나타나고 있다. 보아스가 룻에게 하는 말 속에 남편을 잃고 홀

시어머니를 모시며 가장 노릇을 하는 이방 여인을 바라보는 관점이 반영되어 있다. "여호와께서 네가 행한 일에 보답하시기를 원하며 이스라엘의 하나님 여호와께서 그의 날개 아래에 보호를 받으러 온 네게 온전한 상 주시기를 원하노라"(2:12). 보아스는 룻을 하나님의 날개 아래 보호를 받으러 온 사람으로 바라보았다. 하나님이 마련해 주시는 보상을 룻이 받을 수 있기를 바라는 마음이 간절했다.

오늘날 서구 사회에서는 주로 제3세계 나라에서 온 이민자들로 인한 사회적 갈등이 심각하다. 이민자들이 자신들의 일자리를 빼앗는다고 불평하는 자국민들의 배타적 민족주의나 인종적 편견이 큰 사회문제가 되기도 한다. 이런 현상과 비교하면 보아스가 보여주는 모습이 얼마나 바람직한가? 우리 사회에서도 외국인 노동자가 많아졌고 우리나라 남성들과 결혼해서 한국으로 오게 된 다문화가정의 아내도 많은 상황이다. 그들을 바라볼 때 보아스가 룻을 바라본 안목을 가진다면 오늘 우리 사회에서도 점차 드러나는 인종적 편견과 갈등을 해소할 방안을 찾을 수 있다. 역지사지의 입장으로, 우리나라 사람들이 과거 미국 등으로 이민 가서 겪었던 어려움도 생각해봐야 한다. 오늘 우리가 만나는 많은 외국인 노동자와 다문화가정의 사람은 우리가 보살펴야 할 사람들이 틀림없다.

또한 보아스는 룻을 식사에 초대해서 배려하며 먹을 것을 함께 나누었다(2:14). 룻에게 관심을 가지고 있던 보아스가 룻과 개인적으로 은밀하게 만나지 않고 공동체의 식사에 초대한 것을 주목해야 한다. 공동체 안에서 거리낌 없는 배려를 하려는 보아스의 선한 의도가 담겨 있다. 또한 한 식탁에 초대해서 함께 식사하는 것은 어떤 의도를 함축하고 있는가? 배고픈 자와 배부른 자가 함께하면서 하나가 된다. 한 음식으로 한 자리에서 함께 교제하며, 한 생각을 하고 대화하면서 결국 한 형제자매가 되는 밥상공동체를 경험할 수 있다.

폴 스티븐스 교수가 야곱의 생애로 일상생활의 신앙을 정리한 책 「내 이름은 야곱입니다」(죠이선교회 펴냄, 2014년 개정판, 58-60쪽)가 있다. 이 책의 2장 "먹기 : 에서 이야기" 편에서 탈무드와 미드라쉬 교수인 르우벤 키멜먼을 인용해 식사의 의미를 이야기한다. 유대인들은 바벨론 포로기에 성전과 예배 의식에서 물리적으로 분리되었지만 삶에서 함께하시는 하나님과 분리된 것은 아니었다. 그들은 다양한 복을 만들었다. 먹는 복, 사랑하는 복 등 하루를 위한 복을 마치 성막을 받치는 100개의 장붓구멍처럼 백 개나 되도록 했다. 오히려 모든 사람이 다같이 제사장이 되도록 세웠는데, 특히 유대인들은 식사시간을 천국이 가득 임하는 사건으로 간주했다.

탈무드에는 "성전이 존재하는 한 그 제단이 이스라엘을 속죄한다. 그러나 이제는 사람의 식탁이 그를 속죄한다"는 구절이 있다. 이런 속죄의 한 부분은 식탁에 낯선 자와 가난한 자를 받아들이고 함께하는 것이다. 이런 원리가 중세 스페인의 한 관습으로 나타났다. 자선을 많이 한 부자가 죽으면 그 사람의 관을 그가 평소에 쓰던 식탁으로 짰다고 한다.

이런 의미에서 보아스가 룻을 초대한 식탁은 하나님께 드리는 제단이었다. 성찬은 거룩한 공동식사를 통해 하나님의 임재를 체험하는 의식인데, 폴 스티븐스 교수는 우리의 식사가 하나님을 만나는 성례와 같다고 말한다. "우리는 식사 때마다 하나님이 음식을 공급하심을 기념한다. 그래서 '오늘 우리에게 일용할 양식을 주시옵고'라고 기도한다. 그런데 그것은 예배 때의 고백이기도 하다. 그래서 '이름이 거룩히 여김을 받으시오며'라고 기도한다. 또한 각 식사는 성육신, 즉 하나님께서 육체를 입고 오셔서 우리의 일상으로 들어오신 것이다. 각 식사는 구속을 암시한다. 우리가 식탁에서 서로 환영할 때 하나님의 환대가 보이고, 또 놀랍게도 우리가 주는 대로 환영받는 경험을 한다. 자기가 베푼 것을 받는 것이다."

연약한 사람을 초대해서 나누는 한 끼 식사에도 이런 귀한 의미가 담겨 있음을 우리는 기억해야 한다. 보아스는 룻을 대하는 자세를 통해서 아랫사람을 대하는 너그러움의 미덕을 잘 보여주었다. 일터의 윗사람들은 보아스에게 이런 미덕을 배워서 아랫사람을 사랑할 수 있어야 한다.

이렇게 룻과 보아스, 그의 사환과 일꾼들은 일터에서 너무도 아름다운 미덕을 보여주었다. 이 사실이 고무적이다. 이 섹션을 시작할 때 오늘 한국교회의 위기상황을 언급했다. 오늘 한국교회가 세상에서 영향력을 잃어가고 복음 전파의 동력을 상실한 이유가 무엇인가? 제1차 세계대전의 전시 상황을 언급하면서 교회의 영향력 약화를 안타까워하는 기독교 사상가가 있었다. 극작가이자 추리소설가이기도 한 영국의 도로시 세이어즈이다. C. S. 루이스와 동시대를 살았던 도로시 세이어즈가 「기독교 교리를 다시 생각한다」(IVP 펴냄, 121-140쪽)에서 당시 영국교회의 영향력 약화의 이유를 이렇게 제시한다.

"생산을 계속 가동하기 위해 인위적으로 소비를 자극해야 하는 쓰레기더미 위에 세워진 사회 속에서 교회가 저지른 잘못 가운데 세속 직업을 제대로 이해하지 못하고 중시하지 않은 것만큼 심각한 문제는 없을 것이다." 일과 종교를 갈라놓고 교회가 목수에게 여가시간에 술에 취하거나 난잡하게 놀지 말고 주일성수를 하라고 권면하는 것으로 만족하면 자기 삶의 90퍼센트에 관심 없는 종교에 누가 관심을 가지겠느냐고 설파한다. 정작 교회가 교회에 나오는 목수에게 해줄 말은 이것이어야 한다. "당신의 종교가 당신에게 일차적으로 요구하는 것은 훌륭한 식탁을 만드는 일이다." 교회가 살아 있는 영원한 진리는 일을 통해 표출되는 법임을 잊고 세속 직업도 거룩하다는 사실을 잊어버렸기에 이지적인 직업인들 가운데 다수가 비종교적이 되거나 무관심하게 되었다고 도로시 세이어즈는 진단했다.

도로시 세이어즈는 오늘 한국교회의 상황도 정확하게 지적하고 있다. 사고방식을 바꿔야 하고, 일의 태도를 바꿔야 해결책을 찾을 수 있다고 한다. 이것이 오늘날 우리시대에 기독교가 세상을 설득할 수 있는 유일한 방법이라고 본다. 다시 그녀의 말을 들어보자.

"기업체에게는 '수지맞는 일인가?'가 아니라 '좋은 일인가?'를, 사람에게는 '당신은 무얼 만드는가?'가 아니라 '당신이 하는 일은 무슨 가치가 있는가?'를, 물건에 대해선 '사람들을 구슬려서 그것을 사게 할 수 있을까?'가 아니라 '잘 만들어져 쓸모 있는 물건인가?'를, 직업에 대해선 '월급이 얼만가?'가 아니라 '내 능력을 최대한 활용할 수 있는 일인가?'를 각각 물어보도록 요구해야 한다."

룻과 보아스, 그의 사환들은 일터와 세상에서 하나님의 사람들이 받은 은혜를 베푸는 미덕을 보여준다. 룻처럼 하나님의 말씀에 충실하면서 주어진 기회에 감사하며 적극적으로 나서는 용기를 갖자. 일터의 상하관계 속에서 마음속의 진정한 축복을 서로 나누어야 한다. 중간관리자로서 자신에게 주어진 일에 충실하며 최선을 다해 일하는 아름다운 미덕을 발휘하자. 윗사람으로서 약자들을 돌보며 너그러운 마음으로 경영하고 사람들을 사랑하는 미덕을 실천할 수 있으면 좋겠다.

구원받은 우리가 이렇게 하나님의 은혜를 나누고 베푸는 일을 할 때 우리의 일터와 세상은 그야말로 은혜가 넘치는 천국이 된다. 우리의 일터가 우리가 받은 은혜를 베푸는 미덕 실천의 마당이 되면 하나님이 크게 기뻐하신다. 우리 한국교회의 위기도 극복할 수 있다. 받은 은혜를 베푸는 아름다운 은혜의 사람들에게 하나님이 복을 주신다. 이제 은혜를 나누기 위한 구체적 실천이 우리 앞에 놓인 과제인데, 섹션 4에서 우리는 실천의 첫발을 떼는 '계획'에 대해 다루게 된다.

Section 4. 계획

대화와 대시

──────── 룻이 밭에서 저녁까지 줍고 그 주운 것을 떠니 보리가 한 에바쯤 되는지라. 그것을 가지고 성읍에 들어가서 시어머니에게 그 주운 것을 보이고 그가 배불리 먹고 남긴 것을 내어 시어머니에게 드리매 시어머니가 그에게 이르되 오늘 어디서 주웠느냐. 어디서 일을 하였느냐. 너를 돌본 자에게 복이 있기를 원하노라 하니 룻이 누구에게서 일했는지를 시어머니에게 알게 하여 이르되 오늘 일하게 한 사람의 이름은 보아스니이다 하는지라.

나오미가 자기 며느리에게 이르되 그가 여호와로부터 복 받기를 원하노라. 그가 살아 있는 자와 죽은 자에게 은혜 베풀기를 그치지 아니하도다 하고 나오미가 또 그에게 이르되 그 사람은 우리와 가까우니 우리 기업을 무를 자 중의 하나이니라 하니라. 모압 여인 룻이 이르되 그가 내게 또 이르기를 내 추수를 다 마치기까지 너는 내 소년들에게 가까이 있으라 하더이다 하니 나오미가 며느리 룻에게 이르되 내 딸아 너는 그의 소녀들과 함께 나가고 다른 밭에서 사람을 만나지 아니하는 것이 좋으니라 하는지라. 이에 룻이 보아스의 소녀들에게 가까이 있어서 보리 추수와 밀 추수를 마치기까지 이삭을 주우며 그의 시어머니와 함께 거주하니라.

룻의 시어머니 나오미가 그에게 이르되 내 딸아 내가 너를 위하여 안식할 곳을 구하여 너를 복되게 하여야 하지 않겠느냐. 네가 함께 하던 하녀들을 둔 보아스는 우리의 친족이 아니냐. 보라. 그가 오늘 밤에 타작마당에서 보리를 까불리라. 그런즉 너는 목욕하고 기름을 바르고 의복을 입고 타작마당에 내려가서 그 사람이 먹고 마시기를 다 하기까지는 그에게 보이지 말고 그가 누울 때에 너는 그가 눕는 곳을 알았다가 들어가서 그의 발치 이불을 들고 거기 누우라. 그가 네 할 일을 네게 알게 하리라 하니 룻이 시어머니에게 이르되 어머니의 말씀대로 내가 다 행하리이다 하니라. 그가 타작마당으로 내려가서 시어머니의 명령대로 다 하니라. 룻기 2:17-3:6.

장 프랑수아 밀레의 유명한 미술 작품 〈이삭 줍는 여인들〉(The Gleaners, 1857)이 있다. 평화롭고 목가적인 그 풍경화를 어린 시절 이발소 같은 곳에서도 익숙하고 편안하게 보아왔다. 그런데 한국인들에게 매우 익숙하고 정다운 이 작품이 1857년에 처음 발표되었을 때 선동적인 그림이고, 심지어 불온한 사회주의적 작품이라는 비난을 받았다는 사실을 알고 있는가?

「그림 속의 경제학」(문소영 지음, 이다미디어 펴냄, 197-200쪽)에서 이런 이야기를 접하고 적잖이 놀랐다. 왜 많은 평론가는 밀레의 〈이삭 줍는 여인들〉을 사회주의를 선동하는 몹쓸 그림이라고 보았는가? 사회계층에서 최하층이라고 할 수 있는 빈민들, 그것도 이삭줍기를 하고 있는 여성들이 전면에 등장하여 그림의 주인공이 되니 부담스러웠다. 마치 운명의 세 여신처럼 화면 가득 앞쪽으로 부각되어 있는 모습이 반란처럼 느껴졌다고 한다. 그렇게 보니 기득권을 가진 부르주아 평론가들에게 있어서는 그렇게 보일 법하다는 생각이 들었다.

그런 내막을 알고 그림을 보니 추수하는 밭의 주된 풍경이라고 할 수 있는 곡식 낟가리들은 저 뒤쪽의 배경 왼쪽에 위치해 있었다. 말이 끄는 수레에 낟가리가 실려 있었다. 전에 나는 그 그림을 볼 때 그런 배경은 잘 보지도 못했고 생각하지도 못했다. 배경의 오른쪽으로는 일꾼들을 관리하는 말 탄 감독관도 조그맣게 있는 듯 없는 듯 그려져 있었다. 그것이 감독관이라는 사실도 나는 알지 못했다. 이런 극적 대조가 빈부 격차를 고발하고 농민과 노동자들을 선동하여 지주와 가진 자들을 향해 떨쳐 일어나기를 요구한다고 당시 비평가들은 평가했다.

결국 어떤 선입관을 가지고 보느냐에 따라서 그림은 달라 보이게 된다. 그림뿐인가? 세상 모든 것이 보는 사람에 따라서 달라 보일 수 있다. 자기 나름의 해석으로 한 작품이나 사물을 보게 된다. 그래서 관점이 중요하다. 세계관의 차이가 결국 그렇게도 목가적인 작품을 선동적인 작품이라고 전혀 다른 해석을 하게 만들었다.

우리가 룻기 2장 17절~3장 6절을 보는 관점은 '계획'(Plan)이다. 인생 계획의 관점으로 보면서 계획을 실현하기 위한 두 가지 요소, '대화'(Dialogue)와 '대시'(Dash)에 대해서 생각해보자. 비전을 성취하기 위해 계획을 수립하고 그 계획의 실행을 위해 노력하는 일은 매우 중요하다. 어떻게 우리의 인생과 우리가 하는 일의 설계를 잘하고 제대로 실행할 수 있을지 룻과 나오미를 통해 확인해보자.

모압에서 온 여인 룻의 보리밭 이야기를 계속 나누고 있는데, 그 보리밭에서 보아스와 룻 사이에 무언가 일이 이루어질 듯하다. 그런 일이 가능할 수 있도록 나오미와 룻 사이에 범상치 않은 일이 계획되고 있었다. 이런 계획이 있었기에 비전이 실행될 수 있었고 아름다운 결말을 향해 나아갈 수 있었다.

나오미가 뭔가 계획을 세우고 있음을 알 수 있다. 계획의 관점으로 우리가 다루는 룻기 2장 17절부터 3장 6절까지를 보면 핵심을 담고 있는 구절이 있다. 나오미가 룻에게 하는 이야기인데, 3장 1절이다. 나오미가 룻에게 이렇게 말한다. "내 딸아 내가 너를 위하여 안식할 곳을 구하여 너를 복되게 하여야 하지 않겠느냐?" 며느리 룻을 안식하여 복되게 하기 위한 계획, 구속자인 '고엘'을 만나 결혼도 하고 집안의 땅도 회복하면서 하나님의 뜻을 이루려고 하는 목표를 나오미가 가지고 있었다. 나오미는 룻에게 그 계획을 이야기하고 있다.

우리도 세상에서 살아가며 인생의 비전을 성취해야 한다. 인생의 목적을 설계하고 계획하며 실행하는 삶을 살아간다. 비전을 어떻게 계획하며 실행할지 나오미와 룻에게서 배울 수 있다. 나오미는 계획을 실행하기 위해 먼저 룻과 '대화'를 시도한다(2:17-23). 그리고 그 계획을 룻이 실행하도록 '대시' 하게 한다(3:1-6).

대화(Dialogue)로 모색하는
안식 계획

──────────── 인생의 쓰디쓴 실패를 경험하고 모압에서 돌아온 나오미와 룻, 홀시어머니와 과부 며느리로 이루어진 가정의 이야기가 계속 전개된다. 그들의 삶은 룻기 이야기의 주된 마당인 보리밭에서 뭔가 계기를 마련해야 했다. 하나님의 은혜로 이삭 줍기에 참여하게 되었는데, 바로 그 일을 통해서 무언가 삶의 돌파구를 찾아야 했다. 그들에게는 하나님의 인도하심을 받아 인생의 방향을 설정하는 일이 필요했다.

물론 그 방향과 일이 전개되는 과정을 나오미는 어렴풋이 짐작하고 있었다. 구체적으로 알기는 힘들었겠으나 나오미는 자신이 가지고 있는 율법 지식을 가지고 기도하면서 상황을 주시했을 듯하다. 그래서 나름대로 계획을 세워 실행을 시작하고 있다. 나오미가 세우고 있는 룻의 안식 계획, 그 일을 실행하는 방향 설정을 위해서 이미 룻이 중요한 첫 발을 떼고 있었다. 기특하게도 룻이 이미 일을 시작했다. 룻이 보리밭으로 일하러 나가겠다고 자청했기에 나오미는 가정의 회복과 룻의 안식 계획을 실행할 의지를 가질 수 있었다.

그렇다면 룻이 일을 하러 나간 것은 어떤 중요성이 있는가? 룻이 하나님의 뜻을 기다리며 집에 가만히 앉아 기도만 하지 않고 일하러 나간 것은 특히 일터와 가정의 관계로 비추어 보아도 의미 있는 일이다. 먼저 룻은 열심히 나가서 일하여 가족을 부양했다. 룻은 보아스의 밭에 가서 특별한 혜택도 받았고 열심히 일했다. 그래서 저녁에는 한 에바(22리터)쯤 되는 보리를 가지고 집으로 돌아왔다(이것은 보통 수확량이 아니다!). 또한 점심을 먹을 때 보아스에게 받았던 볶은 곡식도 시어머니에게 가져다드렸다(2:17-18).

가장이나 혹은 가족의 한 구성원으로서 일하며 가족을 돌보는 것은 부양의 의무를 다하는 것이다. 혈연에 근거한 심정적 유대감 때문에 가족 부양은 너무도 당연하다고 생각할 수 있다. 또한 가족은 서로 사랑하고 도우며 후원하는 관계이니 특별할 것도 없다는 생각도 옳다. 그렇더라도 가족을 부양하는 일은 매우 귀중하다. 가족의 생계를 위해 힘써서 일을 한다는 것은 숭고한 일이고 하나님이 기뻐하신다.

하지만 에덴동산에서 죄를 범한 아담에게 하나님은 "네가 흙으로 돌아갈 때까지 얼굴에 땀을 흘려야 먹을 것을 먹으리니"(창 3:19)라고 말씀하셨다. 가족을 부양하는 일이 쉽지 않다. 경제가 어려운 때에는 특히 가장들이 가족을 부양하기 위한 중압감에 시달릴 수 있다. 실업의 공포에 떨고 실제로 실업으로 가족 부양을 제대로 하지 못하는 일도 잦다. 그렇기에 어렵사리 돈을 벌어 가족을 부양하는 그 일을 하나님이 귀하게 보신다. 가족의 부양은 일하는 사람의 의

무이면서 동시에 특권이기도 하다. 일하는 사람들에게 하나님이 주신 귀한 사명이다.

요즘에는 핵가족사회가 되어 각자 작은 가족 단위로 살림을 따로 하고 지내는 경우가 많다. 1인 가족의 비중도 높아지고 있다. 하지만 과거에는 형제들이 결혼해도 한 집에서 함께 살던 대가족구조가 일반적이었다. 그래서 현대적 핵가족의 경제관과는 조금 다른 방식으로 살았다. 주로 아들인 자식들이 경제적 부양의 책임을 지는 경우가 많았다. 그 형제들 중에 한 아들이 변변한 직업을 가지고 수입이 있다고 하면 나머지 형제들은 그 형제의 수입에 근거해서 삶을 영위하기도 했다.

주로 장남에게 가정의 경제적 지원과 관심을 몰아주고 학력 스펙을 쌓게 해서 가족 부양의 책임을 지게 했다. 그래서 공부나 재정 지원에서 소외된 동생들은 억울하기도 했고, 장남 역시 피해의식과 가족들에게 혹사당한다는 느낌을 갖는 경우가 많았다. 그래서 형제들이 모여 명절에 술만 한 잔 걸치면 그런 넋두리들이 오가고 싸움이 나기도 했으며 심각한 유산 다툼의 빌미가 되기도 했다. 여하튼 일하는 사람들이 일을 하여 가족을 부양하는 것은 매우 귀한 일이고, 그 자체가 의미 있다는 점을 꼭 기억해야 한다. 룻이 바로 그런 중요한 일을 했다.

그리고 룻은 또 하나 중요한 일을 했다. 바로 일터에서 있었던 일을 집에 있는 가족인 시어머니에게 다 풀어놓았다. 물론 시어머니가 물었으니 대답했지만 일터에서 어떤 일이 있었는지 다 이야기하는 룻의 모습에 우리가 주목해야 한다.

일하는 사람들은 자신의 일터에서 벌어지는 일을 아내와 남편, 부모님, 아이들에게 이야기해주는 것이 중요하다. 가족들은 일하러 나간 가족이 어떤 일을 했는지 궁금해 한다. 점심에 뭘 먹었는지, 일은 힘들지 않았는지, 외근이나 출장을 다녀왔는지, 어디로 갔는지, 뭘 타고 갔다 왔는지, 사소한 일들도 궁금해 한다. 이야기해주면 좋아한다. 함께 한 집에서 살고 있는 가족들도 궁금해 하지만 떨어져 사는 가족들, 특히 연세 드신 부모님은 더욱 궁금해 하신다. 부모님께도 전화하여 일터에서 일어난 일을 이야기해 드리면 좋아하신다.

직장사역연구소에서 연구원으로 일을 막 시작했을 때이니 24년 전의 일이 되었지만 1년 동안 '퇴근 후 아내와 나누는 이야기'를 매일 적어본 적이 있다. 정확히 기억나지 않는 한 신앙서적에서 일하는 사람이 퇴근 후에 아내에게 해줄 이야기를 메모한다는 내용을 보고 따라 해보았다. 아이들이 자라는 모습을 기록한 육아일기와 더불어 1년 치 아내에게 해준 이야기를 정리해 출판을 의뢰하기도 했다. 육아일기는 책이 되어 나왔으나(『신세대 목사의 왕초보 육아일기』) 아내와 나눈 이야기는 보류되었다. 시간이 흐르니 출판하기가 쉽지 않았지만 컴퓨터 안에 들어 있는 파일을 열어 지금 다시 읽어보아도 꽤 재미있는 내용이 있다.

직장에서 있었던 사소한 이야기부터 아이들 이야기나 가족들 이야기, 신문이나 책에서 본 기사나 일화 등 다양한 이야기들이 기록되어 있다. 그때에는 퇴근 전에 고민하면서 오늘 나의 아내에게 해줄 이야기가 무엇인가 챙겨가는 것이 습관이 되었다. 그리고 그 일이 본격적인 교회의 전임사역을 떠나 매일 일터로 출근하는 생활에 적응하던 기간에 나에게도 큰 힘이 되었다.

이렇게 일터에서 벌어진 일을 이야기하는 것은 돈 벌어서 가족을 부양하는 일과 그 중요성을 비교하면 결코 덜 중요한 일이 아니다. 일하는 사람들은 홀로 일터에 나와서 일하는 것 같지만 사실은 가족들과 함께 일하다고 볼 수 있기 때문이다. 가족의 대표로 한 직업인이 일터에 나와 일을 한다. 가족들의 응원과 관심과 기도를 후원받아 일한다는 의미를 우리가 충분히 이해해야 한다.

아이들도 궁금해 한다. 우리 아이들이 어릴 때 내가 집에 가면 나를 샅샅이 다 뒤졌다. 주머니와 가방도 열어보고 몸도 살펴봤다. "손 다쳤어? 오늘은 손을 베었네요?" 노트북 컴퓨터라도 열면 궁금해서 난리였다. 물론 나는 귀찮아하는 경우가 많았다. 이제야 후회가 된다. 그때 몸은 좀 피곤해도 아이들의 궁금증을 잘 풀어줄 걸 말이다! 지금은 아이들이 커서 집에 가도 아빠의 일에 대해 별로 궁금해 하지 않는다. 공부하러 가고 군대에 가기도 해서 아예 집에 없는 때도 많다!

아이들이 어릴 때는 잠자리에 누워서 아들과 딸에게 이야기해주는 재미에 푹 빠진 때도 있었다. 아이들이 초등학교 시절에 짧은 가정 예배를 드리고 잠자리에 함께 누우면 예배를 잘 드린 보너스로 미리 준비한 그날의 이야기를 아이들에게 해주었다. 별다른 이야기는 아니고 아내에게 해주는 이야기처럼 다이어리에 메모도 하고 화장실에 앉아서도 감동적이고 재미있는 이야깃거리가 있는 잡지를 들춰 보고, 그것도 궁하면 가끔은 설교예화집도 뒤지면서 찾은 이야깃거리들이었다.

간혹 출장을 갈 때는 이야기를 미리 마련해 프린트하여 아내에게 주면 아내가 대신 이야기해주기도 했다. 그렇게 하면서 새벽마다 일찍 나가 얼굴 보기 힘든 아빠와 아이들 간의 자칫 끊어지기 쉬운 교류의 끈을 이어갔다. 이야기가 재미있으면 잠은 안 오고 눈이 말똥말똥한 아이들의 "하나 더!" 앙코르를 다섯 번쯤 받을 때도 있었다. 어떤 날은 내가 너무 졸려서 횡설수설하기도 했다. 이야기가 횡설수설이라고 느끼면서 먼저 잠이 들어버렸던 때도 있다.

일하는 사람들은 기회가 있을 때마다 퇴근 후 가족들과 많은 이야기를 나누면 좋다. "어이구, 난 직장에서 있던 일은 집에 가서는 이야기 안 해요!" 이렇게 말하는 사람을 만난 적이 있는데, 어른만 아니었다면 한마디 해주려고 했다. 하지만 내가 지적한다고 고치지 않을 것 같아 입을 다물고 말았다. "직장에서 끝내야지, 기분 나쁘다고 집에 가서 그런 이야기 하면 되나요?" 그렇게 생각하고 일터와 가정을 분리하는 사람에게 무슨 좋은 일이나 행복한 일이 생기겠는가? 안 좋은 일도 꺼내서 이야기를 나누며 함께 기도할 제목으로 삼을 수 있지 않은가? 일터에서 있었던 이야깃거리를 가지고 대화하면 행복한 가정을 만들어갈 수 있다.

한 쇼핑몰 회사의 사목에게 한 직원이 와서 이야기했다. 그 직원은 퇴근하기 전에 하나님께 기도한다고 했다. 기도 내용을 물었더니 이렇게 대답했다.

"하나님, 제가 퇴근하고 집에 가서 아이들과 놀아줄 수 있는 힘을 남겨주시옵소서."

매장을 닫고 밤 열한 시쯤 혹은 그 시간도 넘겨서 퇴근하면 꼬마 아이들이 그 늦은 시간에도 눈을 말똥말똥하게 뜨고는 아빠를 기다리고 있다. 아이들과 놀아주고 시간을 보내야 하는데 몸이 너무 피곤하고 힘들다니 얼마나 안타까운가? 그래서 그 직원은 퇴근 전에 그런 기도를 한다고 했다. 고달픈 직장생활을 하는 직업인의 얼마나 안타까운 모습을 보여주는가? 한편 그 직원은 얼마나 멋진 아빠인가?

이런 멋진 직업인의 모습을 다윗이 보여주었다. 다윗이 왕이 된 후의 일인데 법궤를 예루살렘으로 옮기는 중요하고도 큰일을 하게 되었다. 더구나 전에 법궤를 옮기면서 사람이 죽기도 하고 실패했던 일이어서 다윗은 더욱 신경 써서 일을 했다. 자신의 실수를 잘 파악하고 말씀에 근거해 법궤를 제사장들이 어깨로 메게 하여 이동시켰다. 일을 잘 마친 뒤 백성들을 돌려보내고 다윗 자신도 집으로 돌아갔다. 그런데 성경이 다윗 왕의 '퇴근하는 이유'를 제시한다. "이에 뭇 백성은 각각 그 집으로 돌아가고 다윗도 자기 집을 위하여 축복하려고 돌아갔더라"(대상 16:43). 다윗은 가족을 축복하기 위해 퇴근했다. 힘든 일을 했으니 집에 가서는 나 혼자만의 시간을 보내며 쉬는 것으로 만족하는 '하숙생'의 모습이 아니었다. 직장에서는 일터사역을 감당하고 집에 돌아가서는 가정사역을 기꺼이 감당했다.

당신도 퇴근하는 이유가 있는가? 퇴근하는 목적이 있는가? 그냥 일하다가 쉬러 퇴근해야지 퇴근에 무슨 목적이 있느냐고 반문하지 말자. 이제부터는 나의 사랑하는 가족들을 축복하기 위해서 퇴근한다고 떳떳하게 말하자. 그리고 퇴근하면서 우리를 맞이하는 가족들을 축복할 말을 준비해보자. 퇴근할 때 자동차 거울을 보면서, 엘리베이터 안의 거울을 보면서 얼굴 표정도 잘 관리하며 이렇게 가족들에게 말해보자.

"여보, 나 왔어요. 오늘 하루 어떻게 지냈어요? 저녁 설거지는 내가 해줄게."

"○○야, 학교 가서 재미있었니? 아빠가 축복한다. 저녁시간 재미있게 보내자!"

일하는 엄마들도 퇴근하면 또 한바탕 고달픈 가정사가 산더미 같아도 퇴근해 가족들을 축복하는 일이 퇴근의 목적이라고 떳떳하게 외쳐보자. 하나님이 멋진 직업인들에게 새로운 힘을 주신다.

나오미처럼
코칭 대화법을 활용하라

──────────── 나오미가 룻과 대화하는 모습을 보면 계획을 이루기 위해 어떻게 해야 하는지 배울 수 있다. 먼저 나오미는 질문을 했다. 외국에서 온 이방인 며느리가 낯선 땅에서 일하러 나갔다 왔는데 왜 궁금하지 않았겠는가? 질문하면서 나오미는 며느리와 자신을 돌보아준 밭주인에게 감사하고 축복한다.

"오늘 어디서 주웠느냐? 어디서 일을 하였느냐? 너를 돌본 자에게 복이 있기를 원하노라"(2:19).

이런 감사와 축복이 사람들의 마음 문을 열 수 있다.

나오미가 의도하고 있는 계획은 분명했다. 며느리 룻을 안식하게 할 고엘 후보 두 사람 중에서 보아스를 택하고 싶었다(2:22). 이미 나오미의 마음속에는 그런 결심이 서 있었다. 그런데 나오미는 그 결론을 룻에게 미리 지시하지 않았다. 베들레헴 들녘에 여러 사람의 밭이 있지만 그 밭들 중에서 보아스의 밭을 찾아가라고 강요하지도 않았다. 이 사실이 중요하다.

조직에서 리더의 위치에 있는 사람들 중에 결론을 미리 정해놓고 그것을 강요하는 사람이 종종 있다. 자신의 의견을 제시하거나 이미 가지고 있으면서 "의견을 허심탄회하게 말해보라"고 토론을 제의하기도 한다. 그런데 그런 리더는 조직에 필요한 좋은 의견을 얻을 수 없다. 나오미에게 배워야 한다. 나오미는 자신의 계획을 마음속에 가지고 있었지만 과정의 추이를 지켜보았다. 실제로 일을 실행해야 할 룻에게 어떤 일이 생기는지 지켜보면서 질문하고 대화하며 노력했다. 또한 하나님의 선하신 인도를 소망하면서 간절히 기도했다. 하나님의 섭리와 경륜을 나오미는 기대하고 있었다.

이런 나오미의 대화법은 오늘날의 '코칭 대화법'과 비슷하다. 전에 1일 집중과정의 코칭 세미나에 참석한 적이 있다. 코칭 대화법은 미래에 초점을 맞추는 것이 특징이다. 상담자는 내담자가 겪은 과거의 상처와 아픔에 집중하면서 치유하는 역할을 하지만 코치는 미래에 초점을 둔다. 코치는 무엇보다 경청을 중요하게 여긴다. 잘 듣다 보면 효과적인 질문을 할 수 있다. 그리고 코칭을 받는 사람이 스스로 인생을 열어가도록 돕는 것이 코칭 대화법에서 중요하다. 꿈과 희망을 제시하면서 코칭을 받는 사람이 자신의 삶을 스스로 개척해 나가도록 그의 미래의 가능성에 집중하면서 돌봐주는 사람이 코치이다. 나오미가 바로 코칭 대화법을 보여주고 있다.

2004년에 프랑스에서 개봉 당시 900만 명이 보았다는 영화 〈코러스〉(The Chorus, 크리스토프 바라티에 감독, 2004)는 프랑스 소설처럼 잔잔하고 클라이맥스도 없는 듯하고 조용한 영화이다. 하지만 큰 감동과 재미를 보여준다. 이 영화가 코칭의 핵심을 잘 담고 있어서 코칭 세미나에서 추천하기도 한다.

유명한 교향악단의 지휘자로 음악 활동을 하는 모항주에게 어머니의 임종 소식이 전해지고 장례식을 마치는 장면으로 영화가 시작된다. 이후 어머니의 집에 옛 친구 페피노가 찾아온다. 페피노는 50여 년 전 그들이 만났던 클레몽 마티유 선생님의 오래된 낡은 일기장을 가지고 왔다. 돌아가신 선생님이 그것을 모항주에게 전해주라고 했다. 그들은 그 선생님의 일기장에서 오랜 추억을 꺼내 나누었다. 그 일기를 통한 회상이 이 영화의 뼈대를 이룬다.

제2차 세계대전이 끝난 후 모두가 힘든 시절, 프랑스의 한 시골 마을에서 이야기가 시작된다. "1949년 1월 15일, 여러 직장을 전전한 끝에 결국은 막다른 곳까지 오게 되었다. 어려운 학생들을 위한 기숙학교. '연못바닥'이란 이름이 내 처지와 너무도 잘 맞는다."

'연못바닥'이라는 뜻의 이름을 가진 작은 기숙학교에 임시교사로 부임한 마티유는 작곡가가 되려는 꿈을 포기하고, 마지막 희망으로 교사의 길을 택한 자신과 그 학교가 닮았다고 생각했다. 참담한 교육현실을 그곳에서 접하게 되었다. 전쟁고아 등 가난하고 힘든 아이들이 많은 기숙학교의 현실이 그랬다. 꼬마 페피노는 아빠가 데리러 온다고 약속했다면서 토요일마다 교문 밖에 나가, 이미 전사해서 데리러 올 수 없는 아빠를 기다린다. 모항주는 역시 아빠가 없는 아이인데, 엄마의 관심을 끌려고 말썽 부리기를 멈추지 않는다. 그리고 한 아이는 학교에서 일하는 늙은 아저씨가 드나드는 출입문에 부비트랩을 설치해 큰 부상을 입힌다. 하나같이 말썽꾸러기들뿐이다. 영 다루기 힘든 문제아 몽당도 당국의 청소년 선도정책에 따라 기숙학교에서 실험적으로 맡아 돌봐야 했다. 이런 거친 아이들에 대해 교장은 '액션-리액션'이라는 처벌 원칙으로 엄하게 단속하고 규칙으로 강압했다. 마티유 선생님은 그런 교장의 비인간적인 교육정책과도 부딪혀나가야 했다.

그 학교 아이들의 현실은 제2차 세계대전 후의 피폐한 프랑스 사회의 현실을 잘 보여주는 것이었지만 마티유 선생님은 그 와중에 한 가지 희망을 발견했다. 부임 첫 날, 아이들을 파악하기 위해서 아이들에게 질문지를 돌렸다. 어떤 선생님도 하지 않던 방법을 사용한 것인데 아이들에게 장차 무엇이 되고 싶은지 적어보라고 했다. 그러자 전혀 관심 없을 것 같던 아이들이 반응했다.

코칭의 핵심은 질문인데 질문을 통해 코칭받는 사람이 자신을 돌아보고 반응을 하게 되는 것이 매력이다. 바로 그런 일이 일어났다. 미래에 대해서는 전혀 관심 없을 것 같던 아이들이 자신들의 미래에 대해서 적극적인 반응을 했다. 아이들이 장래 희망을 다 적었다. 소방관이 되고 싶다고 적은 아이가 두 명 있었다. 카우보이가 세명, 전투기 조종사와 스파이가 되겠다는 아이도 각각 두 명씩 있었다. 나폴레옹 휘하 장군이 되겠다거나 애드벌룬 조종을 하겠다는 뜬금없는 아이들도 있었다. 군인이 되겠다는 아이도 세 명이나 되었다. 예상은 했지만 교사가 되겠다는 아이는 하나도 없었다. 하지만 나름대로 꿈을 가지고 있는 아이들을 보고 마티유 선생님은 칠흑 같은 어둠 속에서도 반짝이는 희망을 발견했다.

또 마티유 선생님을 놀라게 하는 사건이 일어났다. 아이들이 노래를 했다. "대머리 선생, 넌 끝났어. 아무도 네 말은 안 들어"라는 가사로 마티유 선생님을 조롱했다. 하지만 마티유 선생님은 자신을 흉보는 것보다 아이들이 노래를 했다는 사실에 흥분했다. 거기서 희망을 보았다. 그래서 다시는 펼쳐볼 것 같지 않아 처박아두었던 악보를 꺼냈다. 미완성의 악보에 음표를 채워 넣으면서 마티유 선생님은 희망을 발견했다. "아이들과 뭘 할 수 있을까? 절대로 다시는 음악을 하지 않겠다고 맹세했다. 하지만 절대로 못할 것은 없다. 뭐든지 시도할 가치는 있지 않은가?"

상처받은 자신의 마음을 다독이면서 마티유 선생님은 아이들에게 노래를 가르치기로 결심한다. 전쟁으로 인해 황폐할 대로 황폐해진 아이들의 마음을 치유할 합창연습은 이렇게 시작되었다. 아이들을 모아 오디션을 하면서 파트를 나누고 합창단을 구성하려고 준비하는 마티유 선생님은 바로 그 아이들에게서 미래의 가능성을 발견했다. 아버지를 기다리는 꼬마 페피노는 너무 어려서 할 줄 아는 노래가 없다고 하자 '지휘자 보조'로 임명하여 연습할 때도 옆에 앉혀주었다. 악보를 들어주는 보면대의 역할을 하는 아이도 세웠다. 이렇게 일일이 아이들을 배려하고 격려하면서 합창의 세계로 그들을 초대했다.

그래서 마티유 선생님은 결국 학생과 교사들, 그리고 학부모들에게 희망을 주었다. 음악을 통해서 아이들과 선생님들뿐만 아니라 학부모들까지 미래를 생각하고, 인생의 의미를 생각해보고, 미래를 꿈꾸는 기회를 갖게 해주었다. 마티유 선생님은 아이들의 미래에 구체적인 관심을 가졌다. 뛰어난 음악적 재능을 가진 모항주가 좋은 음악학교에 가야 한다고 하면서 아이의 미래에 대해 별로 관심이 없는 어머니를 설득했다.

물론 그렇다고 모든 코칭이 다 성공한 것은 아니었다. 마티유 선생님도 실패의 아픔이 있었다. 학교 운영비 20만 프랑이 없어지는 사고가 생기자 그 돈을 훔쳤다는 혐의로 몽당이 경찰에 잡혀갔다. 몽당이 안 훔쳤고 다른 아이가 그랬는데도 말이다. 경찰서에서 풀려난 몽당은 홧김에 학교 기숙사에 불을 지른다. 마침 마티유 선생님이 아이들을 데리고 소풍을 가서 인명 피해는 없었지만 건물은 불타고 말았다.

결국 그 문제아를 감싸고 변호하고 학교를 제대로 지키지 못했다는 이유로 마티유 선생님은 해고된다. 교장은 아이들과 마티유 선생님이 마지막 이별도 하지 못하게 하고 당장 그날 저녁 버스로 떠나라고 호통을 친다. 마티유 선생님에게도 이렇게 한계가 있었다. 몽당마저 품에 안는 일은 불가항력이었고, 인사권을 가진 상사가 해고라고 외치는 한계 상황에서는 더 이상 노력할 수 있는 방법이 없었다.

영화의 마지막 장면은 감동적이다. 마티유 선생님을 해고한 교장의 강압으로 선생님을 배웅하지도 못하는 아이들이 교실 문을 잠가놓고 노래를 부른다. 마티유 선생님은 서운함을 느꼈으나 아이들은 그들 나름대로 멋진 이별을 준비하고 있었다. 아이들은 종이비행기에 이별의 메시지를 적어 창밖으로 선생님께 날린다.

마티유 선생님은 그것을 펴서 읽으며 누가 쓴 것인지 다 알았다. "정자로 글을 쓴 것은 보니파스의 것, 엉성한 글씨는 페피노의 것, 악보를 그린 것은 모항주의 것…" 아이들이 창밖으로 흔드는 이별의 손들을 보면서 "그 행복의 느낌과 희망을 세상에 소리치고 싶었노라"고 마티유 선생님은 일기에 적었다. 그리고 이후에도 계속 무명 교사로 아이들에게 음악을 가르쳤다. 코치는 결코 자기 이름이 빛나는 사람이 아니다. 자신이 코칭하는 구성원들의 잠재력과 가능성과 희망을 깨워주고 그들이 성숙해가는 것을 보고 기뻐하는 사람이다.

세례 요한도 미래에 대한 관심으로 사람들을 이끌었다. 또한 사람들이 자신의 인생에서 생명을 얻는 길을 제시했다. 자신은 물로 세례를 베푸는 예비사역을 하는데, 그 사역은 장차 오실 예수님을 예비하는 과도기적 사역으로 예수님만이 인류에게 죄 사함과 구원을 베푸시는 분임을 강조하며 전파했다. 요한이야말로 미래지향적이고 그리스도 중심적인 확신으로 사람들을 제대로 이끈 코치였다. 더구나 세례 요한은 자신을 따르던 안드레와 또 한 사람의 제자가 (아마도 요한복음을 쓴 요한) 예수님의 제자가 되는 것을 허락하기도 했다. 세상 죄를 지고 가는 하나님의 어린 양인 예수님을 따라가는 삶이 진정한 구원과 사명의 길임을 알고 기꺼이 자기 제자들을 예수님께 가도록 배려했다.

이렇게 사역한 세례 요한이 죽은 후에 사람들은 "요한은 아무 표적도 행하지 아니하였으나 요한이 이 사람(예수님)을 가리켜 말한 것은 다 참이라"고 그의 사역을 평가했다. 그리고 그 사실로 인해서 많은 사람이 예수님을 믿었다고 한다(요 10:40-42). 이것이 바로 코치의 진정한 모습이다.

일하는 가족들을
축복하고 대화하라

———————————— 그러면 가족들은 직장에 나가는 가족을 위해 무엇을 해야 할까? 시어머니 나오미는 룻에게 어떻게 하고 있는가? 나오미는 우선 물어보았다.

"오늘 어디서 주웠느냐? 어디서 일을 하였느냐?"

집에 있는 나오미는 일하러 다녀 온 며느리 룻에게 이렇게 일에 관해서 물었다. 집에 있는 가족들은 일하는 남편이나 아내가, 부모나 자녀가 이야기하지 않으려고 한다고 그냥 말문을 닫지 말아야 한다. 일에 관해서 질문해야 한다. 그리고 그 대답을 들어주어야 한다. 온종일 힘들게 일했으니 피곤할 것이라고, 내가 묻는 질문은 귀찮아할 것이라고 지레짐작하지 말아야 한다. 침묵하고 있는 일터 사람들의 이야기를 끌어내기 위해 질문해야 한다.

대화가 중요하다. 대화를 시작하면 경청이 중요하다. 대화가 잘 이뤄지기 위해서는 서로 경청해야 한다. 이것은 특히 남편들이 잘 못하는 경우가 많다. 남편은 아내의 말을 들어주는 과정을 중요하게 여겨야 한다. 아내가 질문을 하면 해답만을 알려주려고 하지 말고 들어주며 공감하는 자세가 경청의 기본이다.

한자의 '들을 청'(聽)자의 뜻을 풀어서 생각해보는 자료가 흥미롭다. 잘 듣기 위해서는 귀(耳)를 왕(王)으로 삼아야 한다. 그리고 눈(目)을 열(十) 개나 되게, 즉 눈을 크게 뜨고 그 사람을 주목해야 한다. 또한 한마음(一心)으로 집중해야 한다. 이것이 바로 듣는(聽) 자세이다. 이런 자세로 집 안에 있는 가족들은 일하는 가족과 대화해야 한다. 가족뿐만 아니라 일하는 사람들도 질문에 대해 이렇게 경청하고 대답하며 서로 대화할 수 있어야 한다.

이렇게 물어보는 일은 비단 직장에 나가는 남편이나 장성한 자녀, 아내에게만 해야 하는 것은 아니다. 나갔다가 들어오는 아이에게도 부모가 말을 걸고 물어보면 좋다. 학교에 갔다 왔나, 교회에 다녀왔나, 학원에 갔다 왔나 물어보라. 물어보는 것이 관심이다. "뭐, 별일 없었는데요!" 그렇게 아무 일도 없었다는 대답을 듣더라도 물어보면 좋다. 관계의 끈은 대화를 통해서 이어질 수 있기 때문이다. 당연한 답, 쉬운 대답부터 나와야 이야기가 풀려가기 시작한다. 때로 아는 것도 물어봐야 하는 경우가 있다. 계속 대화하기 위해 이미 알고 있는 것, 대답을 예상할 수 있는 것도 물어보며 대답에 귀를 기울여야 한다. 그러면 대화가 이어진다.

또한 가족들은 일하는 가족을 축복해야 한다. 일터의 사람들에게 복을 빌어주며 기도해야 한다. 나오미는 직장에 나간 며느리를 위해서 어떻게 하고 있는가?

"너를 돌본 자에게 복이 있기를 원하노라"(2:19).

나오미는 며느리가 이삭을 주운 곳이 누구의 밭인지도 처음에는 잘 몰랐다. 그런데도 그 사람을 축복하고 있다. 이렇게 집에 있는 사람들은 일터의 사람들을 축복하는 일이 중요하다. 자신의 가족에게 일할 기회를 준 사람들을 축복하는 일은 일터와 가정 간 영적 교류의 출발선이다. 가족들이 일하는 가족의 일터 사람들을 위해 축복하고 그 어려움을 함께 나누며 기도한다면 이것이야말로 일터와 가정의 멋진 동역이 아닐 수 없다.

가정에서 가족들이 일하는 사람을 위해서 또 해야 할 일은 일터와 일하는 사람들을 위해서 기도해주는 일이다. 사실 교회에서 예배시간에 대표기도를 할 때 기도하는 내용을 들어보면 누구나 느낄 수 있다. 교회에서 대표기도를 하는, 주로 교회 중직자들의 기도를 들어보면 정치인들을 위해서는 많이 기도하는 편이다. 대통령을 비롯한 정치인들을 위한 기도는 단골 메뉴로 등장한다. 정치적 사안이 있거나 선거라도 있으면 꼭 등장한다. 그런데 경제를 위한 기도는 적은 편이다. 기업인이나 경제인들을 위해서 하는 기도는 적다. 성도들이 일하는 회사의 사장을 위해서 기도하거나 성도들이 다니는 회사가 복 받게 해달라고 기도하는 경우는 거의 들어보지 못한다. 그러나 가족들이 일터를 위해 기도해주어야 하듯이 교회에서도 성도들의 일터를 위해 기도할 수 있어야 한다.

이런 경향, 일종의 불균형은 큰 문제가 아닐 수 없다. 일터가 우리의 삶에서 차지하는 비중이 얼마나 큰데, 그곳을 위해 교회에서 기도하지 않는가? 폴 스티븐스 교수가 지적하는 대로 역사적으로 볼 때 이원론에 근거해서 직업에 대한 평가를 하는 일종의 계급제도(hierarchy)가 존재해왔다. 피라미드 구조의 꼭대기에는 다른 문화권에서 복음을 전하는 선교사가 있다. 그리고 다음으로는 복음사역을 전적으로 감당하는 목사가 있다. 다음은 세상의 직업 중에도 의사나 간호사, 교사와 교수 같은 성직의 소명에 준하는 직업들이 차지한다. 생명을 다루거나 사람들의 미래와 연관된 직업들에는 소명의식을 부여하고 점수를 더 준다. 그리고 그다음이 바로 비즈니스를 하는 사람들이라고 한다. 죄 많은 비즈니스 업계는 하나님의 성직계급제도의 맨 아래에 위치하고 있다. 이것이 진실이라는 뜻이 아니고 오해라는 뜻이다.

이런 교회의 오래된 이원론적 편견을 가정에서 일터를 위해 기도해주는 일로 해결할 수 있다. 교회의 머리가 예수님이듯이 일터의 주인도 예수님이시다. 이 사실을 믿는다면 가정에서 가족들이 일터를 위해 기도해주어야 한다. 꼭 축복해줄 수 있어야 한다. 어려운 시기에 기업들이 잘 버티고 건강하게 성장하도록, 이 사회에 기여하도록, 또 사람들이 정의롭게 일할 수 있도록 기도해주어야 한다. 우리 사회의 온갖 비리와 부정에 맞서서 크리스천들이 바람직한 기업문화를 이끌어가도록 가족들이 기도해주며 함께 노력한다면 힘들어 보이는 그 일도 결국 해낼 수 있다.

나오미는 결국 자기 집안이 다시 일어서느냐 마느냐 하는 중대한 기로에 서 있었다. 그래서 더욱 간절했다. 나오미는 보아스를 위해 많이 기도하지 않았겠는가? 그것이 복된 일이었다. 회사를 경영하는 경영자들, 일터에서 비즈니스를 위해 땀 흘리는 직원들을 위해 가족들이 기도해주면 얼마나 복되겠는가?

이렇게 나오미와 룻이 일터와 가정에서 역할을 잘하니 어떤 일이 생겼는가? 일터를 통해서 가정을 살릴 수 있는 방법이 생겼다. 룻이 그날은 이삭 줍기를 하면서 보아스의 밭에 갔다고 했을 때를 생각해보라. 룻은 그저 열심히 일하면서 자기가 그날 겪었던 일을 얘기했다. 그런데 며느리에게 보아스의 이름을 듣는 순간 시어머니 나오미의 머리는 쌩쌩 돌아갔다. 하나님의 섭리가 진행되고 있는 것이 눈에 선하게 보였다. 기도하던 일이 성취될 수 있다는 희망으로 가슴 벅찼다. 거의 망한 자기 집안을 일으키기 위해서 땅을 이어받아야 하고 대를 잇는 결혼을 통해서 후손을 이어야 하는데 그것이

가시화되었음을 깨달았다. 결국 룻기 뒷부분을 보면 이렇게 해서 나오미는 무너져가는 자기 집안을 살렸다. 일터를 통해서 가정이 이렇게 복을 받는다. 이렇게 나오미는 룻과 대화하면서 가정을 회복시킬 안식 계획을 모색했다.

대시(Dash)로 추진하는
안식 계획

──────── 나오미가 룻에게 안식의 복을 누리게 하기 위해서 대화를 시도했는데, 대화만 하고 있으면 계획을 실천할 수 있는가? 대화하면서 의사소통했으면 대시(dash)해야만 한다. 그런데 방향 없이 무턱대고 대시하기만 하면 된다는 뜻은 아니다. 대시하기 위해서는 먼저 해야 할 일이 있다. 대시하기 위해서는 결정해야 한다. 어떤 방향으로 갈 것인가 결정해야만 계획을 제대로 성취할 수 있기 때문이다.

나오미의 남편 엘리멜렉의 집안을 회복시켜줄 고엘 후보는 두 사람이 있었다. 따지고 보면 그 후보들 중 한 사람을 나오미가 결정할 수는 없었다. 고엘 후보들이 나서주어야만 가능했다. 결정권은 그들에게 있었다. 그래도 나오미는 두 사람 중에 한 사람을 마음속으로 결정했다. 나오미는 순번으로는 두 번째였던 보아스를 자기 집안을 일으켜줄 고엘로 이미 낙점하고 있었다. 이런 마음의 결정이 선행되어야만 했다.

나중에도 밝혀지는 대로 엘리멜렉의 친족들 중에 우선권이 있던 1번 고엘 후보는 책임감이 부족한 사람이었다. 자신의 경제적 손해 앞에 마음이 흔들리는 사람이었다. 오히려 2번 고엘 후보인 보아스는 능력과 더불어 사람의 중요성을 알고 자신을 희생할 줄 아는 사람이었다. 나오미는 2번 고엘 후보인 보아스가 자기 집안을 일으켜 주고 며느리 룻과 결혼해주기를 바라고 있었다. 모압으로 떠나기 이전에도 이미 친분이 있었기 때문인지 나오미는 보아스에게 더 호감을 느꼈다.

이렇게 마음속으로 결정을 내린 후 나오미는 상세하게 기획한 모종의 작전계획을 룻에게 지시한다. 그날 보아스가 타작마당에서 보리를 까불 텐데, 룻은 특별한 준비를 해야 했다. 목욕하고 기름을 바르고 의복을 입었다. 이것은 마치 결혼식을 위한 신부의 단장과도 같아 보인다. 그렇게 준비해서 타작마당에 내려가 보아스가 흥겹게 식사할 때는 숨어 있으라고 했다. 아마도 보리밭에서 추수한 곡식의 도난을 방지하기 위해 밭주인이 밭에 남아서 잠을 잘 텐데 보아스가 눕는 곳을 알았다가 발치 이불을 살짝 들고 누워 있으라고 했다. 밤중에 보아스가 룻을 발견하면 룻에게 할 일을 알려줄 테니 그 말대로 하라고 했다(3:2-4).

한마디로 이 일은 '타작마당의 로맨스'라고 이름 붙일 수 있겠다. 나오미의 말 속에는 틀림없이 성적인 의미, 좀 더 구체적으로 말하면 결혼 초야를 보내는 듯한 성적 함축이 담겨 있다. 나중에 한밤중에 놀란 보아스가 "네가 누구냐?"라고 물을 때 룻은 이렇게 대답한다. "나는 당신의 여종 룻이오니 당신의 옷자락을 펴 당신의 여종을 덮으소서. 이는 당신이 기업을 무를 자가 됨이니이다"(3:9). "옷자락을 펴서 덮는다"는 표현에는 결혼과 성적 결합의 의미가 담겨 있다(겔 16:8 참조).

나오미의 의도는 분명했다. 물론 이 '타작마당의 로맨스'는 그야말로 '그때 그 시절'의 이야기일 뿐이다. 오늘 우리시대의 잣대로 바라보고 판단하는 것은 금물이다. 그 시대의 '의식'(ritual)이고 관행적으로 허용된 관습이었다고 이해해야 한다. 나오미가 이런 일종의 '신호'를 보아스에게 보낸 의도가 무엇일까 생각해보라. 보아스는 보리밭에서 한밤중에 만난 룻이 옷자락을 펴 덮어달라고 했을 때 당황하면서도 나오미의 의도를 알아차렸다. 나오미는 계대결혼제도를 통해 후손을 이어갈 사람이 자신이 아니라 룻임을 알려줄 필요가 있었다.

나오미가 모압을 떠나 올 때 며느리들에게 한 말이 있다. "내 딸들아 돌아가라. 너희가 어찌 나와 함께 가려느냐. 내 태중에 너희의 남편 될 아들들이 아직 있느냐. 내 딸들아 되돌아 가라. 나는 늙었으니 남편을 두지 못할지라. 가령 내가 소망이 있다고 말한다든지 오늘 밤에 남편을 두어 아들들을 낳는다 하더라도 너희가 어찌 그들이 자라기를 기다리겠으며 어찌 남편 없이 지내겠다고 결심하겠느냐"(1:11-13). 나오미는 늙었기에 계대결혼제도를 통해 가계를 이어나갈 남편을 두지 못할 것이라고 했다. 아이를 낳을 가능성도 희박하기 때문이라고 나오미 자신이 말했다. 하지만 그런 방법으로 나오미가 가계를 이어나가는 것이 법적으로 문제가 없었고, 그것이 첫 번째 대안이었을 듯하다.

그런데 나오미는 자신이 아니라 룻을 통해 계대결혼제도를 이어간다고 결정했고, 그 메시지를 보아스에게 전했다. 그날 밤 보리밭 타작마당의 로맨스에는 바로 이런 나오미의 의향이 담겨 있었다. 이 메시지에 보아스가 화답했다. 나오미가 보아스가 할 일을 알려줄 테니 룻은 그대로 하면 된다고 믿음을 보였던 것처럼 보아스는 룻을 통한 계대결혼의 절차를 밟기로 결심했다. 그리고 새벽에 돌아가는 룻에게 보리를 여섯 번 되어 나오미에게 보내면서 나오미의 메시지에 화답하고 있다(3:15).

계획을 세우고 대화를 통해 의사소통을 하고 결정했으면 그 계획의 목표를 이루기 위한 대시가 중요하다. 나오미는 좀 과감한 방법이긴 하지만 룻을 통해 보아스에게 책임을 일깨워주는 것이 최선이라고 생각했다. 자신의 순수한 동기를 가장 확실하게 알려줄 수 있는 방법을 찾았고, 그 일을 실행하려고 했다. 나오미가 계획한 일이 그렇게 이루어져가고 있었다. 룻이 타작마당으로 내려가서 시어머니 나오미가 지시한 일을 다 행했다(3:6).

이처럼 바라는 바가 있으면 계획해야 한다. 하나님의 뜻을 찾아야 한다. 하나님의 나라와 하나님의 의를 구하는 것이 무엇인지 염두에 두면서 계획을 세워야 한다. 하나님께 기도하면서 사람들과 대화하며 하나님의 뜻을 찾는 것이 중요하다. 미래지향적으로, 경청하고 질문하면서 대화를 시도하면 계획을 실행할 수 있는 구체적인 방법을 찾을 수 있다. 우리 일터의 사람들이나 우리 가정의 부부와 자녀들에게도 코칭 대화법은 소중한 의사소통과 미래 계획의 방법이 될 수 있다.

또한 대화해서 계획을 수립했으면 하나님의 인도하심을 믿고 대시해야 한다. 결정된 사항을 추진하기 위해 부정적 요인들을 제거하고 용기를 낼 때 하나님의 선하신 인도하심을 기대할 수 있다. 나오미가 세운 계획이 이후에 어떻게 전개될지 요약적으로 암시해주는 구절이 이 일의 아름다운 결말을 기대하게 만든다. "그가 타작마당으로 내려가서 시어머니의 명령대로 다 하니라"(3:6). 이제 계획을 이룰 본격적인 '실행'이 우리 앞에 놓여 있다. 이것이 섹션 5와 섹션 6에서 우리가 다룰 주제이다.

Section 5. 실행

정
체
와

정
도

(I)

──────────── 보아스가 먹고 마시고 마음이 즐거워 가서 곡식 단 더미의 끝에 눕는지라. 룻이 가만히 가서 그의 발치 이불을 들고 거기 누웠더라. 밤중에 그가 놀라 몸을 돌이켜 본즉 한 여인이 자기 발치에 누워 있는지라. 이르되 네가 누구냐 하니 대답하되 나는 당신의 여종 룻이오니 당신의 옷자락을 펴 당신의 여종을 덮으소서. 이는 당신이 기업을 무를 자가 됨이니이다 하니 그가 이르되 내 딸아 여호와께서 네게 복 주시기를 원하노라. 네가 가난하건 부하건 젊은 자를 따르지 아니하였으니 네가 베푼 인애가 처음보다 나중이 더하도다. 그리고 이제 내 딸아 두려워하지 말라. 내가 네 말대로 네게 다 행하리라. 네가 현숙한 여자인 줄을 나의 성읍 백성이 다 아느니라. 룻기 3:7-3:11.

본래 꿈은 현실과 거리가 있는 것이 정상이다. 꿈과 현실 사이의 괴리감으로 인한 고민도 당연하다고 할 수 있다. 꿈을 가지고 있지만 제대로 실행하기가 힘들다고 하소연한다. 그래서 요즘 우리 젊은이들이 '3포, 5포'에 이어 'N포세대' 등의 신조어를 만들어내면서 많은 것을 포기하고, 아예 꿈을 갖지 않으려고 한다. 젊은 시절부터 인생의 탈진증후군에 빠지는 상황에 처해 있다. 생각하면 할수록 안타까운 현실이다.

교회에서 크리스천 강사들이 강의를 하면 비전을 가지라고 강조하는 경우가 많은데, 현실적인 상황에서 너무 힘들다는 푸념을 들을 수 있다. 대학에 입학하자마자 취업 걱정에 내몰리고 천신만고 끝에 취업해도 생존에 휘둘리는 현실 속에서 비전을 가질 만한 여유가 있느냐는 항변이다.

그런데 이렇게 답답한 상황에서 비전을 갖지 않으면 견디는 것이 더욱 힘들다. 앞뒤가 꽉 막혀 있으면 옆이라도 보고, 위라도 쳐다보고 용기를 얻어야 하지 않는가? 비전을 가지라는 말을 계속 들으면 그 반복되는 내용 속에 중요한 진리가 있음을 간파하고 나에게 주시는 하나님의 음성으로 새겨들어야 한다. 힘들다고 하여 비전을 갖지 않는다면 문제가 해결되는 것이 아니지 않은가? 상황이 어려우니 비전 갖기를 그만두자는 나약한 생각을 포기해야 한다.

나오미는 룻을 결혼시켜 안식하게 하려는 계획을 가지고 '대화'를 통해 일의 실행을 논의한 후 '대사' 할 것을 룻에게 주문했다. 룻기 3장 6절은 "그가 타작마당으로 내려가서 시어머니의 명령대로

다 하나라"고 기록하면서 계획한 모든 일이 잘 실행되었음을 개괄적으로 보여주고 있다. 보아스의 타작마당에서 룻이 계획을 어떻게 실행하는지 그 과정을 우리가 살펴봐야 한다.

'실행'(execution)이라는 주제는 경영인이나 직장인들에게 만만치 않은 과목이다. 자기계발 커리큘럼에서도 '실행'은 '비전'만큼이나 중요한 과목으로 다뤄진다. 아무리 계획을 잘 세우고 비전과 사명을 훌륭하게 설정했다 하더라도 막상 행동으로 옮겨 성취해내지 않으면 헛된 꿈에 불과하기 때문이다. 땀 흘리지 않는 꿈은 망상에 불과하다.

그러면 실행을 어떻게 실천할 수 있을까? 룻기 3장 7~18절을 통해 실행의 두 과목을 다루려고 한다. 하나는 정체(正體, Identity)이다. 자신의 존재가 무엇인지 분명히 밝힐 수 있어야 제대로 실행할 수 있다. 또 하나는 정도(正道, Integrity)이다. 편법이나 지름길로 가려고 하면 안 되고 바른 길을 걸어야 제대로 실행할 수 있다. 정체를 인식하지 못하고 정도를 벗어난 상태에서 실행하는 것은 사상누각에 불과하다.

이 섹션에서는 먼저 실행의 첫 번째 항목인 '정체'에 대해서 생각해보자(3:7-11). 우리가 세상에서 하나님의 사람으로 살아가면서 끝없이 물어야 할 우리의 본질과 존재에 관한 중요한 진단이 꼭 필요하기 때문이다.

네가 누구냐,
당신의 정체는 무엇인가

──────────── 타작마당에서 일을 마치고 즐겁게 먹고 마신 보아스는 노적가리 곁에 누웠다. 아마도 타작하는 기간에 밭의 주인이 곡식더미에서 야영 혹은 노숙하는 관습을 따랐던 듯하다. 곡식 도난을 방지하는 목적도 있었다. 룻이 보아스가 잠든 곳을 찾아가서 발치 이불을 살짝 들고 그곳에 누웠다. 밤중에 잠이 깼을 때 놀란 보아스가 당황하여 소리쳤다.

"네가 누구냐!"(3:9).

수상한 여인이 자신의 이불 안에 있기에 놀라서 던진 질문이었다. 당연한 외침인데 보아스는 그 여인 룻의 정체를 물었다. 야밤에 자신의 발치 이불 밑으로 왜 한 여인이 들어와 있는지, 그 의도를 파악해야 했다. 그 여인이 자신과 어떤 관계에 있는지 확인하는 일도 중요했다. 이렇게 여인의 정체를 묻는 질문은 또한 보아스 자신의 존재와 정체에 대한 질문이기도 했다. 어떤 이유로 자신의 발치 이불 안에 여인이 찾아왔는지 보아스는 확인하려고 했다.

또한 누구나 상상할 수 있는 대로 야밤에 성내의 거주지와는 거리가 떨어진 들녘의 보리밭 타작마당에서 남녀가 한 이불을 덮고 잠들어 있었던 상황에는 '성적 함축'이 내포되어 있다. 구약성경에서 '발'이라는 단어가 생식기를 완곡하게 표현하는 경우가 종종 있다(출 4:25, 삿 3:24). 룻기 3장에서 몇 차례 사용된 '발치'라는 단어는 구약 다른 성경에서는 다니엘 10장 6절에만 등장하는 단어로 '발'

(feet) 보다는 '다리'(legs)를 뜻한다. '하체'라고 보면 좋을 듯하다. 그렇게 룻기 저자가 확정적인 성적 의도를 피해가는 듯하지만 그래도 성적인 뉘앙스는 충분히 담아서 표현하고 있다(김윤희, 「두란노 HOW 주석 : 사사기 · 룻기」, 두란노아카데미 펴냄, 517-518쪽). 이런 성적 정체에 대한 바람직한 대응도 보아스는 해야 했다.

그리고 정체와 관련하여 '타작마당 로맨스'의 마지막 부분도 주목해야 한다. 타작마당을 떠나 새벽에 룻이 시어머니에게 갔을 때 며느리를 기다리던 나오미가 룻에게 이렇게 질문한다. "내 딸아 어떻게 되었느냐?"(16절). 한글 성경은 당연한 질문처럼 보이지만 이 질문은 성경 원문에는 위의 3장 9절에 나오는 보아스의 질문과 같은 문장으로 기록되어 있다. 역시 나오미도 "네가 누구냐?"라고 룻에게 물었다(개역개정판 성경의 난하주에도 질문의 본래의 뜻이 기록되어 있다). 나오미가 이렇게 정체를 물었던 의도는 무엇일까?

나오미는 지난밤에 있었던 일, 즉 룻의 안식에 대한 계획을 실행하도록 룻에게 지시한 그 모든 일이 어떻게 전개되었는지 궁금하여 질문했다. 그래서 룻의 성적 정체가 어떻게 바뀌었는지, 다시 말해 룻이 보아스의 아내가 되었거나 혹은 아내가 될 가능성이 생겼는지 궁금하여 질문했다. "네가 누구냐?" 만약 나오미가 의도한 대로 되었다면 이제 룻과 나오미의 관계, 즉 정체는 어떻게 설정해야 하는지 질문했다고 볼 수 있다. 역시 보아스의 질문에 성적 함축이 담겨 있었던 것처럼 나오미의 질문에도 룻의 성적 정체에 대한 궁금증이 담겨 있었다. 보리밭 로맨스와 관련하여 룻은 이렇게 두 사람에게

"네가 누구냐?"라는 동일한 질문을 받았다.

"너는 누구냐?"라는 질문은 우리의 인생에서 중요하다. 현대 사회를 살아가는 사람들은 누군가에게 조종당하고 살면서도 자기를 조종하는 주체가 누구인지 모를 수 있다. 우리는 수시로 우리 자신의 존재와 정체에 대하여 질문을 받아야 한다. 다른 사람이 질문하지 않으면 스스로 질문해봐야만 한다. 그런데 이런 중요한 질문에 사람들은 귀를 기울이지 않는다.

그렇다면 어떻게 해야 나의 정체를 분명하게 알 수 있을까? 인간의 존재와 정체에 관한 궁극적인 탐구는 결국 하나님의 존재에 대한 탐구로 귀결된다. 나의 존재와 정체를 찾다 보면 자연스럽게 나를 창조하신 하나님의 정체가 궁금해진다. 하나님의 정체를 통해 나의 정체를 발견할 수 있다.

모세는 호렙산의 불타는 떨기나무 앞에서 하나님의 존재에 관해 질문했다. 이스라엘의 하나님의 이름이 무엇이냐고 백성들이 질문하면 어떻게 대답할지 알고 싶은 모세에게 하나님은 그분의 존재를 밝히셨다. "나는 스스로 있는 자이니라"(출 3:14, "I am that I am", KJV). 여호와 하나님의 이름이 바로 이런 뜻을 담고 있는데, 이 말의 뜻은 영어 성경도 반영하고 있듯이 히브리어로는 "나는 나다!"이다. 내가 나지, 또 어떤 설명이 필요하냐는 반문이기도 하다. 하나님의 존재성, 그분의 정체는 너무도 분명하다. 그분은 스스로 존재하는 분이시다.

스스로 존재하고 본래부터 있는 신이라는 하나님의 정체와 관련하여 예수님은 유대인들과 논쟁하신 적이 있다. 그때도 분명하게 예수님은 하나님과 더불어 자신의 정체를 드러내셨다. 유대인들이 큰 조상이라고 여기는 아브라함이 나기 전부터 예수님이 존재하셨다(요 8:58)는 말에 유대인들이 돌을 들었다. 그들의 입장에서 보면 신성모독이었기 때문이다. 아브라함이 나기 전부터 있었다면 그런 존재는 바로 스스로 존재하시는 하나님밖에는 없다고(출 3:14) 보았다.

또한 예수님은 베데스다 못가에서 38년 된 병자를 고쳐주신 후 벌어진 안식일 논쟁에서도 하나님의 존재에 관한 중요한 말씀을 하셨다. "내 아버지께서 이제까지 일하시니 나도 일한다"(요 5:17). 유대인들은 이 말씀을 들은 후 예수님을 죽이려고 했다. 왜냐하면 하나님을 자기 친아버지라고 하는 신성모독이라고 보았기 때문이다. 이렇게 예수님은 자신의 정체를 드러내면서 하나님과 같은 분임을 보여주셨고, 그렇게 자신을 계시하심으로 복음이 구체적으로 사람들에게 알려졌다. 하나님이 이렇게 그분의 정체를 우리에게 알려주신 일은 우리의 구원과 관계된 중요한 일이다.

사람들도 상대방을 알려고 할 때 정체를 밝히라고 요구한다. 비즈니스를 하는 사람들이 다른 사람을 만날 때 명함을 주고받는 것도 바로 정체를 확인하는 방법이다. 정체는 우리의 삶에서 필수불가결한 요소이다. 이메일을 검색하기 위해 포털사이트에 들어가거나 홈페이지의 자료를 이용하려고 해도 정체를 질문한다. 그러면 우리는 우리의 아이디(ID)를 입력하고 비밀번호까지 입력하여 우리의 정체를 확인받은 후에 인터넷 공간에 들어가서 활동한다.

특히 일하는 사람들에게 있어서는 정체가 구체적인 직업을 통해 전달되는 경우가 많다. 선지자 요나가 자신의 불순종으로 인해 지중해에 풍랑이 거세게 일어났을 때 제비뽑기를 통해 딱 걸렸다. 그때 뱃사람들은 요나에게 이실직고하라고 요구한다. 그러면서 "네 생업이 무엇이며 네가 어디서 왔으며 네 나라가 어디며 어느 민족에 속하였느냐"(욘 1:8)라고 속사포처럼 질문한다. 그런데 가장 먼저 한 질문이 바로 직업이었다. "네 생업이 무엇이냐?" 직업을 알면 그 사람의 정체를 대략 짐작할 수 있다고 생각한 것일까? 뱃사람들의 지혜가 만만찮다. 아마도 이곳저곳을 다니면서 인생역정을 겪어낸 경험치가 가져다준 내공일 듯하다.

하나님을 예배하는
왕-종의 사명

──────── 이렇게 하나님이나 사람이나 그 존재를 보여주는 정체를 아는 일이 중요하다. 그러면 하나님을 믿는 당신, 오늘 세상에서 하나님의 백성으로 살아가는 그리스도인의 정체는 과연 무엇인가? 바로 나 자신의 정체를 분명하게 밝히는 일이 필요하다.

그리스도인의 정체에 관해 사도 바울이 명쾌하게 밝혀준다. 로마서 8장 15절에서 바울은 하나님의 자녀들인 우리가 다시 무서워하는 종의 영을 받지 아니하고 양자(養子)의 영을 받았다는 사실을 강조한다. 그래서 우리가 하나님을 "아빠 아버지"라고 부르게 되었다. 하나님을 아버지라고 부르며 기도하고 살아가는 사람은 하나님의 자녀이다.

우리는 창조주 하나님의 양자가 된 놀라운 특권을 가지게 되었다. 창조주이신 하나님은 세상 만물을 창조하셨고, 특히 인간을 창조하신 여섯째 날을 복주셨다(창 1:31, "보시기에 심히 좋았더라"). 앞의 다섯 날들과는 다르게 여섯 번째 날에는 정관사를 붙여 특별한 의미를 부여하셨다. 창조하신 그 사람에게 생육하고 번성하며 하나님이 만들어 놓으신 모든 피조물을 다스리라고 명령하셨다(창 1:26-28).

우리 인간은 창조주이신 하나님의 지상대리인으로서 하나님의 창조명령을 수행해야 한다. 우리를 구원하여 양자 삼으신 아빠 하나님은 우리에게 '왕의 사명'을 주셨다. 우리는 왕이신 하나님의 아들로서 왕의 사명을 세상 속에서 피조물들에게 행사하도록 요구받고 있다. 창조주이신 하나님, 세상을 다스리는 왕이신 분의 아들이니 우리가 바로 왕이다. 피조물의 회복을 위해 기여해야 할 왕의 사명은 결국 에덴동산에서 아담이 가졌던 사명과 깊은 연관이 있다.

창조명령(창 1:26-28)을 다시 한번 확인하면서 왕의 사명을 구체적으로 살펴보자. 우리 인간이 하나님을 믿고 양자의 영을 받아 구원의 확신을 갖기만 하면 왕의 사명을 다할 수 있는가? 하나님을 대신하여 세상에서 왕으로서 사명을 다하라고 명령하신 하나님은 인간을 '하나님의 형상'으로 창조하셨다. 그렇기에 구원받은 우리가 왕의 사명을 다할 수 있다. 만약 우리가 하나님의 형상으로 창조되지 않았다면 왕의 사명을 다할 수 없었다. 세상에서 왕으로 제 역할을 다할 수 있도록 하나님의 형상으로 만들어 놓으시고 하나님이 복주셔서 세상을 정복하고 다스릴 특권을 주셨다. 아담과 하와가 에덴동산에서 죄를 범하여 타락하므로 하나님의 형상은 손상을 입었긴 하지만 여전히 우리에게 남아 있다. 그래서 우리는 우리에게 주어진 사명을 다할 수 있다.

그런데 하나님이 인류에게 주신 사명은 왕의 사명만은 아니라 종의 사명도 함께 주셨다. 크리스토퍼 라이트가 「하나님 백성의 선교」(IVP 펴냄, 60-62쪽)에서 창조세계의 종인 인간에 대하여 설명하고 있다. 창세기 2장 15절에서 하나님은 창조하신 사람을 에덴동산에 두셨다. 그곳에서 하나님은 아담이 에덴동산을 "경작하며 지키게" 하셨다. 왕이면서 동시에 종의 사명을 가진 인간이 하나님의 나라를 섬기고 보존하는 책임을 가지고 있음을 보여준다.

"경작한다"(히브리어 아바드)는 뜻은 기본적으로 열심히 일한다는 의미이다. 그런데 이 단어는 영어 단어 'service'가 그렇듯이 하나님을 섬기는 것과 사람을 섬기는 것을 다 내포하고 있다. 세상에서 사람을 섬기는 일은 하나님을 섬기는 예배와 같다.

"지키게 한다"(히브리어 샤마르)는 것은 안전하게 보호하고 돌보는 책임을 말한다. 어떤 것을 헌신적으로 보호할 가치가 있는 것으로 진지하게 대한다는 의미이다. 오늘날 경영계에서 기업의 사회적 책임을 강조한다. 책임경영이라는 경영방식도 있다. 세상에 대한 책임을 인식하고 실천해야 할 청지기인 우리 크리스천들의 입장에서 이런 세상 경영계의 자각은 고마운 일이 아닐 수 없다. 결국 이런 왕의 사명은 바로 종의 모습이라고 할 수 있다. 그래서 우리 크리스천은 '왕-종'이다. 왕이면서 동시에 종이다.

데이브 북리스는 하나님의 창조가 성도들의 삶 전반에 미치는 의미와 영향에 대해 개관한 책 「Planetwise」에서 왕이며 종인 우리의 사명을 이렇게 정리해서 말한다. "신약성경에서 예수님이 우리에게 주신 대위임 명령은 하나님이 성경 첫 부분에서 우리에게 주신 바로 그 최초의 대위임 명령과 함께 보유되어야 한다. 창세기 1장에서 하나님이 인간에게 하신 최초의 말씀은, 하나님을 대신하여 물고기와 새와 다른 살아 움직이는 피조물을 다스리고 돌보라는 것이었다. 이것은 인간이 된다는 것이 무엇을 의미하는지 보여주는 직무기술서라고도 할 수 있다. "우리는 왜 여기에 있는가?"라는 질문에 대한 궁극적 대답은 하나님을 예배하고 섬기기 위하여가 되어야 한다. 그 예배와 섬김의 첫 번째 요소로 성경이 이야기하는 것은 바로 창조세계를 돌보는 것이다."

"우리가 왜 오늘 이곳에 존재하는가? 우리의 정체가 무엇인가?" 데이브 북리스가 질문하며 답하는 대로 우리는 창조세계를 돌보며 하나님을 예배하고 섬겨야 한다. 따라서 우리 크리스천들에게는 하나님이 세상을 창조하면서 본래 의도하신 그 청사진을 회복하는 일이 중요하다. 하나님이 창조명령(창 1:28)을 통해 주신 일의 목적을 실현해야 한다. 아담과 하와에게 주어졌던 에덴동산의 관리와 유지의 책임이 우리에게도 이어진다.

나는 나야, 하나님이
사랑하시는 귀염둥이!

──────────── 다시 룻과 보아스의 이야기로 돌아와 보자. 보아스가 한밤중에 "네가 누구냐?"라고 소리치며 질문했을 때 룻은 어떤 대답을 했는가? 자신의 정체에 대한 분명한 인식이 룻에게 있었다. 룻은 정체를 묻는 보아스의 질문에 이렇게 대답한다. "나는 당신의 여종 룻이오니 당신의 옷자락을 펴 당신의 여종을 덮으소서. 이는 당신이 기업을 무를 자가 됨이니이다"(3:9).

룻은 마치 준비한 대사처럼 자신의 정체에 대하여 명쾌하게 대답하고 있다. 자신의 이름을 분명하게 밝힐 뿐만 아니라 '여종'이라는 겸손한 표현으로 뜻밖의 일을 겪는 보아스에 대한 미안함을 표현하기도 했다. 왜 그런 행동을 하는지 분명하게 밝히면서도 시적인 표현을 사용해 요구사항을 간결하게 피력했다. "당신의 옷자락을 펴 당신의 여종을 덮으소서." 그런데 여기서 '옷자락'은 '날개'라는 뜻의 단어를 사용하고 있는데, 전에 보아스가 룻을 가리켜 축복했던 구절을 되받아 대답하고 있다. 보아스가 전에 자신의 밭에 이삭을 주우러 온 룻을 이렇게 축복하면서 룻의 정체에 대해 인식하고 있었다. "여호와께서 네가 행한 일에 보답하시기를 원하며 이스라엘의 하나님 여호와께서 그의 '날개' 아래에 보호를 받으러 온 네게 온전한 상 주시기를 원하노라"(2:12).

보아스는 룻을 "이스라엘의 하나님 여호와의 날개 아래에 보호를 받으러 온" 여인으로 보았다. 그러니 룻의 입장에서는 바로 그

'하나님의 날개'가 구체적으로 '보아스의 옷자락'이라고 지적했다. 룻은 자신이 하나님의 보호를 받을 당당한 권리가 있는 것도 알았고, 그런 신학적 지식에 근거해서 보아스에게 자신의 정체를 분명하고 자신 있게 밝혔다.

또한 룻이 옷자락을 펴 덮어달라고 이야기한 것은 한 남자와 한 여자의 결혼과 관계된 의미를 담고 있다. 훗날 에스겔 선지자가 하나님이 이스라엘을 어떻게 거두어 아내를 삼았는지 이렇게 표현하고 있다. "내가 네 곁으로 지나며 보니 네 때가 사랑을 할 만한 때라. 내 옷으로 너를 덮어 벌거벗은 것을 가리고 네게 맹세하고 언약하여 너를 내게 속하게 하였느니라. 나 주 여호와의 말이니라"(겔 16:8).

보통 남자가 여자를 옷으로 덮지만 룻이 보아스에게 그렇게 요청한 것은 여성 쪽에서 프로포즈를 한 셈이다. 물론 이 비유적이고 상징적인 표현과 룻의 행동은 기업을 무를 자에 대한 율법을 확신했기에 가능했다. 막나가는 여인의 부적절한 유혹이나 무모한 대시가 아니라 하나님의 약속에 대한 분명한 신뢰에 바탕을 둔 행동이었다. 룻이 보아스에게 청혼하며 대시하는 이유가 있었다. "당신이 기업을 무를 자가 됨이니이다." 보아스가 율법에 따라 집안의 땅을 사주고 결혼하여 대를 이어줄 사람이었기 때문에 룻이 야밤에 그렇게 보리밭에 잠입했다.

아울러 룻은 하나님에 대한 믿음뿐만 아니라 보아스를 향한 신뢰도 가지고 있었다. 룻은 보아스가 자기 집의 기업 무르는 일을 해줄 것이라는 확신을 가지고 있었다. 나오미 또한 그런 확신을 가지고 있었기에 보아스에게 상징적 행동을 통해 안식을 얻기 위한 의사를 전달했다.

우리도 일을 실행할 때는 이렇게 우리 자신의 정체에 대한 분명한 확신이 있어야 한다. 당당하게 하나님의 자녀 됨을 사람들에게 알리고, 왕과 종의 사명을 동시에 가진 하나님의 대리인으로서 하나님의 창조사역을 지상에서 행한다는 자부심을 가져야 한다. 분명한 자기 인식을 가지고 세상에서 당당하게 살아가야 한다. 창조주 하나님의 대리인인 왕으로서 우리는 하나님 앞에서 너무도 귀한 존재이다.

그렇다고 탁월한 능력을 가지고 보란 듯이 살아가는 사람만 왕의 사명을 다하는 것은 아니다. 하나님이 창조하신 자신의 정체를 분명하게 가지고 있으면 "나는 나!"라는 자신감이 생긴다. 세상은 1등만 기억한다고 하지만 일터나 학교와 같은 조직 속에서 1등 하는 사람만 성공하는 것은 결코 아니다. 자신의 위치를 분명하게 찾고 정체를 인식하면 우리는 1등이 아니더라도 하나님이 기뻐하시는 의미 있는 삶을 살 수 있다.

영화 〈슈퍼스타 감사용〉(Mr. Gam's Victory, 김종현 감독, 2004)은 인생의 성공과 실패에 대한 의미를 알려주는 영화이다. 1982년 프로야구가 출범할 때 삼미 슈퍼스타 팀의 원년 멤버였던 감사용 선수가 있다. 삼미그룹 산하 회사인 삼미특수강에서 주임으로 일하며 야구동호회의 멤버였던 감사용은 삼미 슈퍼스타 팀의 오디션에 응모했다. 빠른 공을 던지지는 못했지만 왼손 투수가 없었기에 투수로 선발되었다. 처음에는 회사에서 야구팀으로 파견 형식으로 근무했지만, 드디어 꿈에도 그리던 프로야구 선수가 되었다. 삼미 슈퍼스타 팀의 감사용 투수!

감사용 선수는 이왕 프로팀의 투수가 되었다면 선발투수로 나서고 싶었다. 그러나 그런 기회는 주어지지 않았다. 당시 꼴찌 팀의 그 모든 불명예를 온 몸으로 안고 '패전처리 전문투수'로 낙인찍힌 선수가 감사용이었다. 점수를 많이 잃어 승산이 없어 보이는 게임이면 언제나 시도 때도 없이 나갔다. 요즘 식으로 말하면 불펜 투수 중에서 '승리조'가 아니라 '추격조'에 속해서 주로 지는 게임에 나갔다. 상대 팀에서는 감사용 선수가 나오면 그 게임은 이겼구나 생각하면서 감사했다고 한다! 그의 이름대로 '감사'(感謝)하는 '용'도(用度)로 쓰였다. 겪어보지 않은 사람은 잘 모르지만 이런 입장이 되면 정말 비참할 것 같다. 질 것이 뻔한 경기에 8, 9회 쯤 나가서 공을 던지면 당시에 시간 관계상 저녁 뉴스를 시작하는 아홉 시에는 TV중계가 중단되었다.

그렇게 연속되는 패전과 동료들의 무시에 진절머리가 난 감사용이 어느 날 감독을 찾아갔다. 패전처리용 투수였지만 용기를 내 선발로 뛰어보고 싶다고 부탁했다. 그러자 박 감독은 아무 말이 없었다. 선발로 뛸 기회도 주지 않을 거면 왜 자기를 뽑았느냐고 항의하는 감사용 선수에게 박 감독은 멋진 말을 한다. "너를 뽑았지만 처음부터 선발로 쓸 생각은 없었어. 하지만 어떤 위치에서든 최선을 다해. 그게 바로 프로야." 감사용에게는 감사용의 역할이 있었다. 이 말이 이 영화의 핵심 메시지라고 생각한다.

그러던 중 감사용에게 일생일대의 기회가 온다. 당시 최강팀 OB 베어스의 스타였던 박철순 투수의 20연승이 걸린 경기였다. 삼미의 선발 투수진은 질 것이 분명한 등판을 서로 미루었다. 박철순 투수의 20연승 제물이 되고 싶어 하지 않아 아무도 나가려 하지 않자 드디어 감사용에게 기회가 왔다. 감사용은 프로야구 투수로서 첫 승을 꼭 올려보고 싶었다. 그런 기회가 온 셈이다.

1982년에 시작된 프로야구가 40년 가까운 역사를 갖고 있지만 프로야구 시작 후 20년이 지난 2001년까지의 통계를 보았다. 당시 1군 무대를 밟은 758명의 프로야구 투수 중 327명은 단 1승도 거두지 못했다. 40% 이상의 투수들이 단 1승도 거두지 못한 셈이다. 감사용도 그런 선수들 중 하나였으나 당시 최고의 투수 박철순과 겨루어 이겨보고 싶었다. 딱 한 번만이라도 이겨보고 싶은 게임이었다.

감사용은 호투했고 거의 게임을 이길 상황이었다. 그런데 마지막 이닝에서 역전 홈런을 맞고 지고 말았다. 상대 선수도, 동료들도, 관중들도 다 떠나간 후 더그아웃에 홀로 앉아 감사용이 서럽게 눈물 흘리며 울부짖었다.

"한 번만이라도 이겨보고 싶었는데…."

이 영화는 그토록 바라는 패전처리용 투수 감사용의 1승을 보여주지 않는다. 감사용은 프로야구 투수생활 5년 동안에 1승 15패 1세이브라는 전적을 남겼다. 영화 속에서는 다루지 않지만 나중에 롯데 자이언츠와 대결한 경기에서 첫 승이자 마지막인 승리를 거두었다.

그런데 이기고 싶던 게임에서 졌다고 그렇게 서럽게 울 것 없다.

감사용 선수는 눈물을 거두고 영국 경제학자 찰스 핸디의 책 「홀로 천천히 자유롭게」(생각의나무 펴냄)를 주목해야 한다. 이 책에서는 영국 런던을 중심으로 남들이 가지 않지만 자신이 좋아하는 길을 갔던 사람들 스물아홉 명을 다루고 있다. 리처드 브랜슨 버진그룹 회장과 같은 성공한 사람도 있으나 모두 유명한 사람은 아니다. 그야말로 자신만의 상상력으로 무엇인가 만들어낸 사람들이다. 그래서 이 책에서는 이 사람들을 '연금술사'라고 부르고 있다. 책 표지에 이런 멋진 말이 있다. 감사용 선수가 들으면 좋을 말이다. "중요한 것은 일등이 아니라 좋아하는 일을 하는 것이다. 남을 따라하지 말라. 남과 비교하지 말라. 자신을 믿고, 홀로 천천히 자유롭게 아무도 가지 않은 자기만의 길을 가라."

이 영화를 보면서 바로 이런 감사용의 모습이 우리 인생의 평균 모습이 아닐까 생각해보았다. 사람들은 흔히 1등을 주목한다. 승리한 사람에게 찬사를 보낸다. 하지만 그 역할이 비록 패전이 분명한 게임을 마무리하는 역할이더라도 의미가 있다. 프로야구가 유지되기 위해서는 없어서는 안 되는 역할을 바로 감사용 선수가 했다. 박철순 같은 훌륭한 투수가 사람들의 기억에 남아 있는 게 당연하지만 선수 중에는 스타 선수만 있는 게 아니다. 승리 투수가 있는가 하면 패전 투수가 있다. 많은 무명선수가 몇몇 스타와 함께 게임을 해서 프로야구 경기가 가능해진다. 자신의 정체성을 분명하게 인식하면서 살아가는 사람이 인생의 진정한 성공자이며 승리자이다.

러시아의 하층민들의 삶을 통해 인간 존재를 파헤친 소설가 막심 고리끼는 자전적 소설을 세 편 썼다. 그중 두 번째 편인 「세상 속으로」(이론과실천 펴냄, 316-317쪽)에 보면 러시아 사람들의 중간 이름에 들어가는 성인(聖人)의 기념일을 기념하는 명명일에 축하를 받는 장면이 나온다. 마치 생일에 축하를 받듯이 선물을 받고 파티가 열리곤 하는데 이런 이야기가 나온다.

"나의 명명일 날 사람들이 아름답게 채색된 성부 알렉세이의 성상을 선물하고 쥐하레프는 설교하듯이 오랫동안 연설을 했는데 매우 기억에 남는 말이었다. '너는 누구냐?' 그는 눈썹을 치켜올리고 손가락으로 제스처를 써가며 말했다. '열세 살의 꼬마, 고아 소년이다. 나는 너보다 네 배는 족히 될 만한 나이지만 모든 것에 겁먹지 않고 당당하게 부딪히는 너에게 감탄하고 있다. 네가 언제나 그와 같이 살아간다면 얼마나 훌륭한 일인가!'"

"너는 누구냐?"라고 쥐하레프가 질문하며 감탄한 이유는 무엇인가? 쉰 살도 넘은 사람이 열세 살 고아 소년에게 발견할 수 있는 의연함과 당당함에 감탄한 것은 소년이 당당하게 살아가는 모습을 보았기 때문이다. 정체성은 다름 아닌 그 사람의 삶과 밀접한 관계가 있다. 바로 그 사람의 평판과 인격이 정체를 보여준다.

보아스도 룻에게서 바로 이런 정체를 발견했다. 소문으로 들었고 또한 일하는 모습을 보고 깨달은 룻의 정체를 보아스는 이미 파악하고 있었다. 룻이 자신의 정체를 밝히고 나자 보아스가 룻의 정체에 대해 이렇게 인증해주고 있다. "내 딸아 여호와께서 네게 복 주시기를 원하노라. 네가 가난하건 부하건 젊은 자를 따르지 아니하였으니 네가 베푼 인애가 처음보다 나중이 더하도다. 그리고 이제 내 딸아 두려워하지 말라. 내가 네 말대로 네게 다 행하리라. 네가 현숙한 여자인 줄을 나의 성읍 백성이 다 아느니라"(3:10-11).

보아스의 이 장황한 칭찬은 무엇을 담고 있는가? 바로 룻의 평판과 인격이다. 룻이 모압과 베들레헴에서 살며 보여주었던 삶의 자취를 평가하고 있다. 이런 평판이 바로 그 사람의 진정한 정체이다.

하나님, 감사합니다.
월요일입니다!

———————— 그렇다면 당신의 정체는 무엇인가? 당신의 삶 그 자체는 무엇인가? 당신의 삶이 바로 당신의 존재를 설명해준다. 우리가 살아가는 삶, 그것 말고는 우리의 정체를 보여줄 것이 없다. 만약 삶이 없는데도 보여줄 만한 것이 있다면 그것은 가식이고 허위와 위선일 가능성이 높다. 우리 삶의 정체를 통해 사람들이 우리의 존재를 알게 된다. 우리도 룻처럼 삶을 통해 우리의 정체를 사람들에게 보여줄 수 있어야 한다.

따라서 우리는 삶의 예배를 드려야 한다. 바울이 로마교회에 편지하면서 복음에 관한 교리적 설명을 길고 충분하게 다한 후에 삶의 실천 부분을 언급하며 이렇게 시작하고 있다. "그러므로 형제들아 내가 하나님의 모든 자비하심으로 너희를 권하노니 너희 몸을 하나님이 기뻐하시는 거룩한 산 제물로 드리라. 이는 너희가 드릴 영적 예배니라"(롬 12:1). 진정한 예배가 무엇인가? 교회의 예배시간에만 거룩하게 예배드리면 우리가 세상에서 사는 삶이 어떠해도 다 용서되고 보상받는가? 그렇지 않다. 진정한 예배는 주일에 교회에서 드리는 예배만이 아니라 평일에 삶의 현장에서 삶으로 예배드리는 것을 포함한다. 교회에서 예배를 잘 드려도 삶으로 예배를 드리지 못하면 제대로 예배를 드린 것이 아니다. 산 제물(living sacrifices, NIV)로 우리의 삶을 드리지 않으면 영적 예배를 제대로 드린 것이 아니다.

어떻게 세상에서 하나님의 사람답게 구별된 삶을 살아갈 수 있을지 바울이 계속 교훈한다. "너희는 이 세대를 본받지 말고 오직 마음을 새롭게 함으로 변화를 받아 하나님의 선하시고 기뻐하시고 온전하신 뜻이 무엇인지 분별하도록 하라"(롬 12:2). 하나님의 뜻을 찾아야 한다. 세상의 가치관을 따르지 말고 하나님의 선하시고 기뻐하시고 온전하신 뜻을 분별해야 한다. 우리의 일과 삶 속에서 하나님의 뜻을 찾으려는 노력이 반드시 필요하다.

윌리엄 딜이 「월요일을 기다리는 사람들」(IVP 펴냄, 89-92쪽)에서 성도들이 세상에서 분명한 자기 정체를 가지고 살아야 할 삶에 대해 제사장 직분으로 입증하고 있다. 제도권 교회가 본래적 제사장의 의미를 왜곡하여 성도들을 속박했다. 그래서 '모든 그리스도인을 제사장' 이라고 하면 마치 신성모독이나 되는 것처럼 혐오한다. 루터를 포함한 종교개혁자들이 이미 그리스도를 따르는 사람은 하나님과 사람들 사이를 중재하는 제사장으로 부름 받았다는 사실을 이미 천명했다. 베드로가 "너희는 택하신 족속이요 왕 같은 제사장들이요 거룩한 나라요 그의 소유가 된 백성"(벧전 2:9)이라 했고, 요한계시록에서도 "우리를 나라와 제사장으로 삼으셨다"(계 1:6)고 밝히고 있다.

굳이 구분하자면 목회자는 모인 교회를 중심한 종교적 영역에서 제사장의 역할을 감당한다. 성도는 흩어진 교회에서 일상의 영역, 즉 일터와 가정과 사회와 세상 속에서 제사장의 역할을 감당한다. 그런데 이 영역의 구분을 오해하여 오늘날 우리 기독교와 성도들이 세상에서 자신의 사명을 다하지 못하고 있다. 윌리엄 딜은 이렇게 지적한다. "평신도들은 대부분 자신의 제사장 역할이란 교회에서 종교적인 활동을 하는 것이라고 생각한다. 교회 건물을 벗어난 제사장 역할에 대해서는 교회 밖에서도 종교적인 활동을 하고 종교적인 말을 해야 한다는 의미로 받아들인다."

칼 헤르츠의 소책자 「누구나 제사장이다」를 인용한 부분을 보면 더욱 안타깝다. "일상적인 삶과 유리된 별개의 종교적 활동으로서의 예배는 사실 하나님의 역사를 왜곡하는 행위이다. 사실 이런 식으로 예배드리는 이들은 다신론자(polytheist)들이다. 주일에는 한 신에게 경의를 표하고, 평일에는 또 다른 신들에게 경의를 표하는 이들이다. …우리가 제사장 역할을 감당할 수 없는 영역이 존재한다는 말은 그 삶의 영역에 대해서는 하나님이 주권을 갖고 계시지 못하다고 말하는 셈이다. 그런데 우리는 늘 그런 식이다. 신앙적으로 열심 있는 평신도는 반드시 목회자가 되어야 한다 생각하고, 또 어려운 노사갈등 문제를 해결해볼 생각은 하지 않고 그저 회사에서 기도회를 갖는 것이 곧 '직장사역'이라고 생각한다."

결국 우리가 세상에서 제사장 역할을 제대로 감당하기 위해서는 주일에 예배를 드리듯 평일에 주님께 하듯이 일하고 살아가야 한다. 따라서 우리의 일이 곧 예배이다. 우리 인생의 모든 과정이 바로 하나님을 섬기는 헌신의 시간이다. 우리는 예배의 궁극적 자리는 바로 우리 삶의 마당이라는 인식을 해야 우리의 정체를 세상에서 분명하게 드러낼 수 있다. 우리는 우리 인생에서 가치 있는 삶을 추구해야 한다. 무엇이 하나님을 기쁘시게 하며 창조주이신 하나님의 자녀로서 왕의 사명을 다할 수 있는 방법인지 늘 고민하며 살아야 한다. 그래야 우리의 정체를 제대로 드러낼 수 있다.

세상 사람들은 "하나님, 감사합니다. 금요일입니다!"(Thank God, It's Friday!)라고 외치며 살아간다. 우리 크리스천들은 정반대로 주말이 오는 것을 슬퍼하거나 기피할 필요는 없다. 그런데 우리는 "하나님, 감사합니다. 월요일입니다!"(Thank God, It's Monday!)라고 외치는 독특하며 튀는 사람이어야 한다. 주말 지향적인 사람들은 결코 이해하기 힘든 가치관을 통해 우리는 뭔가 다른 정체를 가진 크리스천의 기쁨, 세상과 하나님 사이를 중보하는 제사장의 자부심을 가지고 생활할 수 있다.

지금까지는 실행하기 위한 우리의 정체를 함께 나누었다. 이제 섹션 6에서는 실행하기 위한 또 하나의 덕목인 '정도'(正道)를 다루려고 한다.

Section 6. 실행

정
체
와
정
도
(II)

──────────────── 참으로 나는 기업을 무를 자이나 기업 무를 자로서 나보다 더 가까운 사람이 있으니 이 밤에 여기서 머무르라. 아침에 그가 기업 무를 자의 책임을 네게 이행하려 하면 좋으니 그가 그 기업 무를 자의 책임을 행할 것이니라. 만일 그가 기업 무를 자의 책임을 네게 이행하기를 기뻐하지 아니하면 여호와께서 살아 계심을 두고 맹세하노니 내가 기업 무를 자의 책임을 네게 이행하리라. 아침까지 누워 있을지니라 하는지라.

룻이 새벽까지 그의 발치에 누웠다가 사람이 서로 알아보기 어려울 때에 일어났으니 보아스가 말하기를 여인이 타작마당에 들어온 것을 사람이 알지 못하여야 할 것이라 하였음이라. 보아스가 이르되 네 겉옷을 가져다가 그것을 펴서 잡으라 하매 그것을 펴서 잡으니 보리를 여섯 번 되어 룻에게 지워주고 성읍으로 들어가니라. 룻이 시어머니에게 가니 그가 이르되 내 딸아 어떻게 되었느냐 하니 룻이 그 사람이 자기에게 행한 것을 다 알리고 이르되 그가 내게 이 보리를 여섯 번 되어주며 이르기를 빈 손으로 네 시어머니에게 가지 말라 하더이다 하니라. 이에 시어머니가 이르되 내 딸아 이 사건이 어떻게 될지 알기까지 앉아 있으라. 그 사람이 오늘 이 일을 성취하기 전에는 쉬지 아니하리라 하니라. 룻기 3:12-3:18.

　개역개정판 성경이 나오기 전에 개역성경을 사용할 때였다. 언젠가 역대하 27장 말씀을 읽다가 인상적인 한 문장을 발견했다. 유다왕 웃시야를 뒤이어 25세에 왕위에 오른 요담 왕을 묘사하면서 그가 왕으로 지낸 시절의 행적을 총평하는 문장이었다. "요담이 그의 하나님 여호와 앞에서 바른 길을 걸었으므로 점점 강하여졌더라"(대하 27:6). '정도'(正道, 개역개정판 성경은 "바른 길"이라고 번역함)를 행했다고 평가한다. 한 왕의 생애를 묘사하면서 바른 길을 걸었다고 정직함을 강조하는 점이 인상적이었다. 또한 그렇게 정도를 걷는데도 하루아침에 강해지고 성공하지 않고 "점점 강하여졌더라"는 평가도 이채로웠다. 바른 길을 걷는 것, 정도를 행하는 삶은 과연 무엇인지 생각해보았다.
　우리가 인생에서 세운 계획은 올바른 방법으로 실행해야 한다. 방법이 잘못되었다면 실행을 잘했다고 해도 소용없는 일이다. 목표 달성만 의미 있는 것이 아니라 과정이 중요하기 때문이다. 룻이 목표를 실행하기 위해 보아스의 타작마당에 들어간 부분(3:12-18)을 중심으로 지름길이 아닌 바른 길로 갔던 룻과 보아스에 대해서 살펴보자. 특히 룻과 보아스는 성적 유혹이 있는 상황 속에서 순결이라는 정도를 걸어야 했다. 오늘 우리시대의 성 개방 풍조와 성적 타락은 매우 심각한 상황인데, 우리의 삶 속에서 성적으로 바람직한 길을 가는 방법을 배우면 매우 요긴하고 유익하다.

룻기 3장 6절은 "그(룻)가 타작마당으로 내려가서 시어머니의 명령대로 다 하니라"고 하여 계획한 모든 일이 잘 실행되어가고 있음을 보여준다. 보아스의 타작마당에서 룻이 어떻게 자신의 임무를 다 수행해내었는지 살펴보자. 지난 섹션에서 살펴본 대로 정체를 분명하게 세웠던 룻이 정도를 걸으며 실행하고 있는 모습을 볼 수 있다.

정도(正道)를 걸으며
실행하라

──────────── 보아스와 룻이 타작마당에서 만나게 된 이야기 속에서 우리는 한 가지 의문을 가질 수 있다. 나오미의 지시로 보아스의 타작마당에 들어간 룻은 그날 밤에 보아스와 성관계를 가졌을까, 갖지 않았을까? 어떻게 생각하는가?

들판 한가운데서 한밤중에 남녀가 잠자리에 함께 있었다는 사실은 성적 함축을 당연하게 담고 있다. 그날 밤 성관계가 있었을 것이라고 상상하는 사람들도 있다. 1822년에 〈룻과 보아스〉(Ruth and Booz)라는 그림을 그린 프랑스 화가 루이 에르썽(Louis Hersent)도 자신의 그림을 통해 그렇게 두 사람의 성관계를 상상하고 있다.

그런데 두 사람의 삶의 정황을 피상적으로 상상하거나 개연성만으로 그렇게 주장하면 무리가 있다. 성경을 자세히 살펴보면 다른 판단도 할 수 있다. 물론 나오미는 성적인 의도를 가지고 룻을 타작마당에 보낸 것이 분명해 보인다. 그래서 목욕하고 화장하고 특별한 옷도 입게 하여 룻을 보아스에게 보냈다. 보아스의 타작마당으로 들어가는 룻의 차림새는 마치 결혼식장에 가는 신부를 연상시킨다. 나오미는 두 사람의 고엘 중에서 보아스가 자기 집안을 구원해주면 좋겠다는 생각이 간절했다. 그래서 그가 마음으로 결정해주고 할 수 있다면 행동으로 보여주기를 바라는 마음이 있었다. 그래서 당시 사람들의 구애하는 관습을 빌려 자신의 의도를 표현했다.

이렇게 룻기 3장에는 성적 측면의 암시와 함축이 분명히 존재한다. 하지만 한밤중에 잠에서 깨어난 보아스는 "네가 누구냐?"라고 정체를 묻고는 룻에게 자초지종을 들었다. 그런데 이야기를 다 듣고 난 보아스는 새벽까지 룻을 여전히 자신의 발치에 재운다(3:14).

보아스가 하는 말을 들어보아도 우리가 당시 상황을 상상할 수 있다. "참으로 나는 기업을 무를 자이나 기업 무를 자로서 나보다 더 가까운 사람이 있으니 이 밤에 여기서 머무르라. 아침에 그가 기업 무를 자의 책임을 네게 이행하려 하면 좋으니 그가 그 기업 무를 자의 책임을 행할 것이니라. 만일 그가 기업 무를 자의 책임을 네게 이행하기를 기뻐하지 아니하면 여호와께서 살아 계심을 두고 맹세하노니 내가 기업 무를 자의 책임을 네게 이행하리라. 아침까지 누워 있을지니라 하는지라"(3:12-13). 보아스가 이중인격자가 아니라면 이렇게 말해놓고 룻과 성관계를 가졌을 리가 없지 않은가!

그러면 보아스가 룻을 그날 밤에 돌려 보냈어야 하지 않았을까? 이런 생각도 해볼 수 있다. 그런데 그것은 또 다른 문제였다. 야심한 밤에 들판을 가로질러 성 안으로 여인 혼자 가도록 두기는 쉽지 않았다. 그렇다고 보아스가 데려다줄 수도 없는 상황이었다. 누구라도 만난다면 더욱 오해를 받을 수 있었다. 그래서 소문이 났다면 다른 고엘 후보의 판단에도 영향을 줄 수 있었을 테니 조심스러웠다. 그리고 한밤중에 룻이 집으로 돌아가면 나오미가 놀랐을 테다. 보아스의 입장에서는 여러 가지 문제를 다 고려하면서 상당한 배려를 했다.

물론 보아스가 어떻게 행동할지 나오미가 확실하게 안 것은 아니었다. 나오미는 자신의 의도를 가지고 제안하는 입장이었지만 보아스가 책임 있게 행동하리라 확신하고 있었다. 그래서 나오미가 룻에게 이렇게 말했다. "그가 네 할 일을 네게 알게 하리라"(3:4). 이렇게 나오미는 보아스의 인격을 신뢰하고 있었다. 나오미가 기대한 대로 보아스는 나오미의 제안에도 응답하며 자신의 적절한 대응을 했다. 보아스와 룻은 그날 밤에 성관계를 절제했고 둘은 성적으로 순결했다. 이 사실이 중요하다.

오늘 우리시대는 성 개방의 시대이다. '성 개방'의 시대에 '성 제방'을 쌓는 일이 중요하다. 오늘 우리 크리스천들의 중요한 덕목이다. 1990년 여름을 지난 9월 중순에 중부지방 한강 유역에 집중 호우가 내렸고, 지금의 경기도 고양시의 신평동 근처 한강 제방이 무너져 들판과 주택가가 물바다가 된 적이 있었다. 당시 나의 아내의 집에서는 사이렌 소리를 듣고 언덕 위로 피신했다. 나의 한 친구는 제방이 무너진 곳과 가까운 능곡에 있는 연립주택 1층에 살았는데, 물이 집 안까지 들어왔다. 한강 제방이 무너져서 그렇게 되었다. 제방이 무너지면 큰 홍수의 피해를 겪는다. 2005년 9월에 허리케인 카트리나로 인해 엄청난 수해를 당한 미국 남부지방에서도 제방이 무너져 사상자가 많았다.

미국의 존 파이퍼 목사는 「존 파이퍼 하나님의 섭리」(엔크리스토 퍼냄, 103-105쪽)에서 이렇게 말한다. "오늘날 세상의 세태는 이러하다. 하고 싶으면 하라. 죄책감을 불러일으키는 청교도적인 정조와 성실의 가치 따위는 잊어버리라. 하지만 나는 미혼 남녀에게 이런 말을 전하고 싶다. 별은 아름답게 빛나고, 맥박이 망치처럼 쿵쾅거리고, 아무도 보는 사람이 없다할지라도 멈추라. 의를 위해서 멈추라. 그대의 순결 위에 새벽 여명이 비추이게 하라."

성 개방의 시대에 어떤 음성에 귀를 기울일 것인지 잘 판단해야 한다. 우리는 멈추는 연습을 잘해야 한다. 마음 내키는 대로 행동하는 건 누구나 할 수 있고 짐승들은 늘 그렇게 행동한다. 그러나 원칙과 가치에 따라 절제할 줄 알고 기다릴 줄 아는 사람은 지혜롭고 순결한 사람이다. 성 개방의 시대에 우리의 성 제방을 잘 준비해야 한다.

보아스와 룻은 멋지고 아름다운 사람들이었다. 그들이 왜 멋진 남자이고 어떻게 아름다운 여자였는가? 하늘에서 별은 아름답게 반짝였고 밤은 깊었다. 두 사람은 서로를 사모하고 있었다. 그들은 단

둘이 있었고 룻은 보아스의 겉옷을 함께 덮고 있었다. 하지만 그들은 의를 위해서 거기에서 멈추었다. 율법에서 간음을 금하고 있기에 그들은 멈추었다. 존 파이퍼 목사는 그들의 의로움은 전략적이었다고 평가한다.

성적 충동이 전략적 의로움에 복종하게 했다. 관습에 따르면 기업을 무르는 일에 자신보다 우선권을 가진 사람이 있다는 사실을 제시하며 그 전략적 의로움에 성욕과 충동과 불타는 사랑을 복종시켰다. 보아스는 얼마나 멋있는 남자인가! 룻 또한 그렇게 전략적 의로움을 앞세우는 보아스에게 수긍하고 순종한다. 룻은 얼마나 아름다운 여인인가!

주석가 매튜 헨리도 홀 주교의 묵상을 인용하여 보아스의 미덕을 칭찬한다(「여호수아·사사기·룻기」, 크리스챤다이제스트 펴냄, 689쪽). "보아스는 바람둥이로서 그녀를 건드리는 대신, 아버지로서 축복하고 친구로서 격려하며 친족으로서 약속하고 보호자로서 상을 베풀면서, 왔을 때보다 더 큰 행복과 희망과 선물을 돌려보냈다. 오, 참으로 훌륭한 절제로다! 그 입술과 마음에 간교한 것이 없는 자의 조상이라 불리기에 합당하도다."

성 개방의 시대에
성 제방을 높이 쌓으라

———————— 우리는 요셉에게서 성 개방의 시대에 성적 유혹

을 이길 수 있는 방법에 대해 배울 수 있다. 요셉은 자신의 일터에서 상사의 아내로부터 성적 유혹을 받았다. 그 유혹을 이기기가 쉽지 않았을 것이다. 당시 요셉의 정황을 추론해볼 수 있다. 요셉은 유혹 받기에 딱 좋은 상황에 처해 있었다.

첫째, 당시에 요셉은 무척 외로웠다. 아마도 고향을 떠난 지 10년 은 지난 때였다. 17세의 소년 시절에 노예로 팔려 온 요셉이 큰 살림 을 하는 보디발의 집에서 신임을 얻어 가정총무가 되려면 한참 시간 이 흘렀다. 아마도 유혹을 받을 때 요셉의 나이는 스물일곱 살은 되 었을 듯하다. 나중에 총리가 되는 때가 30세이고, 감옥에서 술 맡은 관원장이 요셉을 잊어버린 기간이 만 2년이며, 감옥에서 적응한 기 간을 생각해보면 요셉이 팔려온 지 10년은 되는 때에 유혹을 받았다 고 할 수 있다. 그 세월의 길이만큼 요셉은 외로웠다. 아무도 간섭할 사람이 없으니 더욱 성적 유혹에 빠지기 쉬웠다. 누구에게나 외로움 은 죄의 통로가 될 수 있으니 특히 조심해야 한다.

우리는 인생을 살아가면서 외로운 시절에 더욱 조심해야 한다. 젊은이들의 경우 유학을 가거나 군대에 갈 때, 홀로 떨어져 취업을 준비하는 시기에 조심해야 한다. 결혼한 부부도 마찬가지다. 떨어져 있는 시기에 더욱 조심해야 하고 웬만하면 부부간에 떨어져 지내지 않으려고 노력해야 한다.

둘째, 요셉은 성적 유혹을 받기 쉬운 청춘이었다. 아마도 요셉은 결혼 적령기였거나 적령기가 지났을 것이다. 혈기가 넘치고 성적인 욕구가 왕성한 나이였다. 그러니 젊은 요셉은 성적 유혹에 빠지기 쉬웠다. 더구나 보디발의 아내가 날마다 유혹했는데 똑같은 방법으로 유혹했을까? 여러 방법으로, 점점 더 치명적으로 날마다 창의적으로 유혹했을 듯하다. 이런 심각한 유혹을 요셉은 이겨내야 했다.

요셉이 유혹을 이기기 힘들었던 세 번째 이유는 비전과 관련된 신앙적 이유 때문이었다고 상상해본다. 요셉은 어린 시절에 높은 지위에 올라 많은 사람이 그의 앞에 절하는 꿈을 꾸었다. 높은 지위라는 리더십이 요셉의 비전이었는데, 당시에 이미 요셉에게는 더 이상 올라갈 자리가 없었다. 애굽의 권력 서열 3위쯤에 있는 친위대장 보디발 집의 가정총무 자리는 괜찮은 자리이긴 했으나 사람들이 와서 절하는 자리는 아니었다. 요셉이 가까이에서 보는 애굽 궁궐에 요셉의 비전에 어울리는 자리가 있지 않았겠는가? 만약 보디발의 아내가 하자는 대로 해준 후 애굽 궁궐의 말단 관리 자리를 하나 부탁하면 임용되어 결국 높은 지위에 오를 수 있지 않았을까? 요셉이 가진 주인의식과 성실성, 준수한 용모를 가지고 충분히 가능하지 않았겠는가 말이다. 아마도 요셉은 충분히 그런 상상을 했을 듯하다. 보디발의 아내의 유혹은 인생의 새로운 단계로 도약하는 일종의 '사다리'라는 생각을 할 수 있었다.

그런데 요셉은 하나님이 그렇게 일하시지 않는다는 사실을 알고 있었다. 보디발의 아내의 행동은 자신을 파멸에 이르게 하는 유혹임을 알았다. 옷을 붙들고 늘어지는 여인을 요셉은 단호하게 거절했다. 이것은 대단한 신앙적 용기이다. 우리가 인생을 살아가면서 유혹을 이기는 구체적인 나름의 방법을 가지고 있으면 유익하다. '크리스천 깡'이 있어야 한다. 여기서 유혹을 이기는 한 가지 방법을 소개하고자 한다.

죄의 유혹이 앞에 있을 때 그 유혹을 이겨내야겠다는 결심이 섰으면 소리를 치는 방법이다. "그만!"(Stop!)이라고 소리쳐보라. 옆에 사람이 아무도 없을 때는 정말 크게 소리를 내 외쳐보면 좋다. 사람들이 옆에 있다면 속으로 크게 외쳐보라. 이 "그만!"이라는 외침은 이런 기도를 줄인 구호이다. "나사렛 예수 그리스도의 이름으로 내가 네게 명하노니 나에게 악한 생각과 행동으로 유혹하는 사탄아 물러갈지어다." 이런 긴 축사(逐邪)의 기도를 줄인 구호가 바로 "그만!"이다. 죄의 유혹에 노출될 때마다 소리쳐보라. 소리치면서 예수 그리스도의 이름을 의지하며 기도해보라.

헌법재판소의 결정으로 오래 논란이 되던 간통죄가 폐지되었다. 성관계와 같은 개인적인 '이불 속 문제'를 법으로 다룰 수 없다는 선언이다. 하지만 성경은 분명하게 말한다. "간음하지 말라"(출 20:14). 십계명의 7계명뿐만 아니라 성경 여러 곳에서 간음이 죄라고 반복적으로 규정한다(마 5:27, 19:18, 막 10:19, 눅 18:20, 롬 2:22, 13:9, 약 2:11). 성적 기쁨과 자유를 누릴 수 있는 특권은 결혼이라는 울타리 안에서만 가능하다. 신랑 아담과 신부 하와를 두고 '에덴예식장'에서 열린 인류 최초의 결혼식 주례사에서 하나님은 이 사실을 명시적으로 언급하셨다. "이러므로 남자가 부모를 떠나 그의 아내와 합하여 둘이 한 몸을 이룰지로다"(창 2:24). 부모를 떠나는 공식적인 결혼식 후에 충분한 개인적 연합을 통한 성적인 결합을 통해 결혼의 언약이 완성된다. 이런 부부간의 배타적인 성관계 외에는 하나님이 축복하고 인정하는 성관계는 어디에도 없다!

그런데 성경시대의 사람들은 많은 성적 유혹에 노출되어 살아갔다. 가나안 땅에 들어온 이스라엘 백성들은 가나안 족속의 풍년을 비는 종교적 의속 속에 담긴 문란한 성적 풍조에 휘둘렸다. 주로 산당을 중심으로 지속적으로 반복되던 성적 타락은 신전의 남녀 매춘부들과의 성관계로 인한 것이었다. 그것을 종교의 이름으로 허용하고 장려했다. 바울도 고대 그리스 세계의 종교적 성행위에 대해서 지적하며, 오늘 우리시대의 성도들을 향해 경고한다. 고린도전서 6장에서 바울은 신전에서 벌이는 종교적 성문란을 절대로 용납할 수 없는 이유를 언급한다. 성관계는 육체적 관계만이 아니라 영적 연합이기 때문이다(고전 6:15-19). 그리스도인들은 주님과 합해 한 영이 되었고, 성령이 거하시는 성전(聖殿)임을 꼭 기억해야 한다. 그래서 우리는 성적 범죄에 빠지지 않도록 각별히 노력해야 한다.

그러면 이런 성적 유혹을 이길 수 있는 방법은 무엇일까? 보아스와 룻이 유혹을 이길 수 있었던 힘을 성경 속에서 구체적으로 확인하기는 쉽지 않다. 그런데 요셉이 이런 유혹을 이길 수 있었던 힘은 분명해 보인다. "내가 어찌 이 큰 악을 행하여 하나님께 죄를 지으리이까!"라고 외치며 집요하게 유혹하는 여인의 손길을 뿌리치고 뛰쳐나갈 수 있었던 원동력은 바로 말씀이었다. 하나님의 말씀 외에는 다른 어떤 힘으로도 유혹을 이길 수 없다. 시편 기자가 하나님의 말씀에 대한 예찬을 길게 노래하면서 말씀의 구체적 효능에 대해 언급한다. "청년이 무엇으로 그의 행실을 깨끗하게 하리이까. 주의 말씀만 지킬 따름이니이다. 내가 전심으로 주를 찾았사오니 주의 계명에서 떠나지 말게 하소서. 내가 주께 범죄하지 아니하려 하여 주의 말씀을 내 마음에 두었나이다"(시 119:9-11). 말씀 외에 유혹을 이길 수 있는 어떤 다른 비법이 없다.

요셉의 어린 시절부터 아버지 야곱에게 받은 말씀 교육이 유혹을 이기게 하는 힘으로 작용했음이 틀림없다. 아버지 야곱은 족장 후보인 요셉에게 특별히 말씀 교육을 시켰다고 상상할 수 있다. 또한 밧단아람에서 돌아왔을 때 할아버지 이삭이 여전히 생존해 있었는데, 연로한 할아버지가 족장 후보인 손자에게 특별하게 말씀 이야기를 들려주지 않았겠는가?

요셉의 아버지 야곱은 어떤 말씀 교육을 했고, 할아버지 이삭은 어떤 말씀을 들려주었을까? 창세기 1장부터 37장까지 나오는 그 말씀, 오늘 우리가 보는 창세기의 말씀이 아니었겠는가? 족장들에게 전수된 바로 그 구전의 말씀, 혹은 두루마리를 통해 전해졌을 그 말씀을 요셉은 듣고 또 들어 거의 외웠을 것으로 보인다.

요셉이 반복해서 들었던 말씀 중에는 할아버지 이삭이 블레셋 땅에서 자기 아내를 누이라고 하여 아내를 빼앗길 뻔한 이야기가 있었다(창 26:6-11). 할아버지 이삭은 아마도 그 이야기를 할 때마다 수치스러워 얼굴을 붉혔을 듯하다. 하지만 요셉의 인생에 중요한 교훈이 된다고 기대하면서 빠뜨리지 않고 이야기했을 것이다. 또한 이 집안에는 그렇게 아내를 누이라고 속이는 '가족력'이 있었는지, 증조할아버지 아브라함은 그런 잘못을 애굽과 블레셋 땅에서 두 번씩이나 저질렀다. 그런 가슴 아픈 집안 어른들의 과거를 요셉은 반복적으로 교육받아서 잘 기억하고 있었음이 틀림없다.

만약 하나님이 개입하지 않아서 아브라함이나 이삭이 아내를 이방 왕들에게 빼앗겼다면 어떤 일이 벌어졌겠는가? 그 가정의 순결은 깨어지고 말았을 것이다. 그 사실을 너무도 잘 알고 있는 요셉은 보디발의 아내가 요구하는 대로 응하여 죄를 범할 수 없었다. 남의 아내인 여인과 간통하는 범죄는 하나님이 짝지어주신 부부관계를 깨는 일이었음을(창 2:24) 요셉은 명심하고 있었다. 또한 하나님의 아들들이 사람의 딸들의 아름다움을 보고 자기들이 좋아하는 여자를 아내로 삼아 하나님의 진노를 샀던 일도(창 6:2-3) 요셉은 분명히 알고 있었다. 요셉이 듣고 또 들어 외우다시피 하고 있던 하나님의 말씀 구석구석, 어떤 부분을 기억해도 보디발의 아내가 요구하는 행동은 하나님이 보시기에 너무도 큰 죄악이었다. 요셉은 말씀 교육을 통해서 유혹을 이길 수 있는 힘을 기를 수 있었다.

우리도 말씀 외에 세상에서 받는 유혹을 이겨낼 수 있는 특별한 방법은 없다. 말씀으로 충실하게 무장하면 인생에서 위기를 겪을 때 그 말씀이 진가를 발휘한다. 우리가 살아가다 보면 말씀생활을 지속해도 별로 큰 유익이 없는 것 같은 생각이 들 때도 있다. 그러나 우리의 말씀생활은 콩나물시루에 물을 붓는 것과 같다고 생각할 수 있다. 물을 부으면 다 빠져 나오는 것 같아도 콩나물이 흘러내리는 물을 먹고 자라나듯이 우리도 말씀 훈련을 꾸준하게 하다 보면 말씀이 우리 인생의 자양분이 된다. 우리가 겪는 유혹을 이겨낼 힘을 준다.

인생을 살다 보면 질병으로 어려움을 겪거나 신앙의 슬럼프를 겪을 수도 있다. 일터의 상황이 자주 그렇듯이 힘이 들어 정상적인 생활을 제대로 하지 못할 수도 있다. 성경을 보기도 힘들 수 있다. 바로 그런 때는 기억나는 말씀을 되새김질하면서 말씀을 묵상할 수 있다. 그 말씀이 우리를 하나님의 뜻 가운데로 인도해줄 것이다. 말씀 훈련에 집중해야 할 이유가 바로 여기에 있다. 말씀에는 유혹을 이겨낼 수 있는 놀라운 힘이 담겨 있기 때문이다.

회(悔)뿐만 아니라
개(改)도 철저히!

──────── 결혼하기 전에 데이트를 하면서 성행위의 충동이 있을 때도 우리는 명심해야 한다. 다윗 왕의 아들이었던 암논이 이복 동생인 다말 공주를 사모하다가 억지로 관계를 가진 후 어떻게 했는 지 기억해보라. 미움이 이전의 사모함보다 더해 내쳐버리는 파렴치한 행동을 저질렀다(삼하 13장). 암논의 목적은 다말을 사랑함에 있지 않고 오직 성적 욕망에만 집중되어 있었다. 갈증이 나서 음료수를 마신 후에는 그 병을 버리지 않는가? 그러니 기다려야 한다. 생일 선물은 생일 당일에 받아야 의미가 있다. 미리 받으면 선물의 의미가 반감된다. 결혼이라는 기다리고 미루어둔 선물을 당일에 받는 기쁨을 누릴 수 있어야 한다. 기다리지 못하면 그것은 참된 사랑이 아니다.

그런데 혹시 성적으로 실수하여 죄를 지었으면 어떻게 해야 할까? 이왕 지키지 못했으니 계속해도 되겠다고 생각하지 말아야 한다. 사탄의 교묘한 속임수이다. 그러면 어떻게 하면 좋은가? 회개해야 한다. 회개하면 용서받을 수 있고, 또 다른 기회가 주어진다. 음행하는 자와 간음하는 자, 남색하는 자와 여러 가지 죄를 지은 자들을 언급한 후 사도 바울은 성적인 죄를 저지른 사람들의 용서에 대해서 이렇게 말한다. "너희 중에 이와 같은 자들이 있더니 주 예수 그리스도의 이름과 우리 하나님의 성령 안에서 씻음과 거룩함과 의롭다 하심을 받았느니라"(고전 6:11).

성적으로 실수를 하고 죄를 지었더라도 예수 그리스도 안에서 용서의 은혜를 얻어 깨끗해질 수 있다. 진정으로 회심하고 마음의 변화를 받으면 주님의 사죄의 은총을 입을 수 있다. 그러면 달라진 삶으로 용서를 입증할 수 있다. 그런데 회개는 구체적으로 삶을 통해 나타나야 한다. 눈물만 흘린다고 회개가 아니다. 물론 그것이 죄인 줄 알고 감정적 반응을 보이며 슬퍼해야 한다. 그것은 회개의 '회'(悔)이다. 그런데 회개가 진정한 회개가 되기 위해서는 의지적인 행동으로 나타나야 한다. 즉 '개'(改)가 이뤄져야 한다. 진정으로 회개했다면 자신의 잘못된 행동을 고치고 다시 그 죄를 짓지 않게 된다. 물론 우리 인간은 연약해서 다시금 그 죄에 빠질 수도 있으나 만약 그랬다면 우리는 더욱 기도하면서 노력해야 한다. 진정한 회개로 용서받아 자유로워지는 은혜를 얻어야 한다.

2014년 5월 25일에 부산성시화운동본부가 주관하고, 여러 교회와 단체가 힘을 합해 해운대 백사장에서 '회개의 날' 집회를 열었다. 비가 오는 가운데도 10만여 명의 성도들이 참여하여 삶 속의 참된 회개를 통해 하나님의 뜻을 세상에 실현하기 위해 기도했다. 이제는 달라지겠다고 결심하면서 일곱 가지 약속을 한 것이 이채로웠다. 경제, 언어, 문화, 가정, 이웃, 환경, 나라 등 일곱 영역에서 정직하고 깨끗하고 참고 아끼며 사랑하겠다고 다짐했다. 일곱 가지 약속은 다음과 같다.

손해를 보더라도 정직하게 살겠습니다.
막말하지 않고 좋은 말만 하겠습니다.
퇴폐문화를 멀리하고 깨끗하게 살겠습니다.
방황하지 않고 가족과 함께 하겠습니다.
외면하지 않고 이웃을 돕겠습니다.
불편하더라도 참고 아끼겠습니다.
대한민국을 사랑하겠습니다.

회개는 이렇게 의지적 결단과 삶의 열매를 통해 진정성을 입증할 수 있어야 한다. 성적인 범죄로 인한 회개도 마찬가지다. 아파하고 진정으로 회개하면서 하나님의 용서를 받았다면 다시 그 죄를 범하지 말아야 한다.

부하 장수의 아내와 간음하는 치명적인 성범죄를 저지른 다윗 왕은 하나님이 보내신 나단 선지자를 통해 자신의 죄를 지적받았다. 그 후에 시편 51편에서 볼 수 있는 참된 회개기도를 통해 다윗은 하나님의 용서를 체험했다. 그리고 나서 다윗 왕은 다시금 그런 성적 범죄를 저지르지 않았다. 늙은 다윗 왕의 몸을 따뜻하게 하기 위해 시종들이 대책을 세웠다. 젊고 아름다운 수넴 여인 아비삭을 뽑아 왕의 품에 눕고 시중을 들게 했다. 그런데 그 여인이 왕의 시중은 들었으나 왕이 잠자리는 같이하지 않았다고 성경은 기록한다(왕상 1:4). 다윗이 의지적 결단을 통해 자신이 죄 용서 받았음을 보여준 셈이다. 이렇게 삶으로 입증하는 회개가 참된 회개이다.

사랑은 순결할 때 아름답다. 주님은 우리 모두에게 순결을 명령하신다. 질풍노도의 시기인 사춘기보다 더 힘든 광풍의 청년기를 보내는 청년들도 순결의 미덕을 발휘하기 위해 노력해야 한다. 순결의 미덕이 가치 있는 것은 기다림을 통과했기 때문이다. 기다림이 귀한 미덕이다.

보리밭 타작마당에서 밤을 보내고 온 며느리 룻에게 시어머니 나오미는 물었다. "네가 누구냐?" 보아스가 물었던 것처럼 나오미도 룻의 정체에 대하여 질문했다. 이때 룻은 그 사람 보아스가 자신에게 행한 것을 다 알렸다. 그들이 그날 밤에 지킨 성적 순결은 나오미에게 새로운 기대를 가져다주었다. "내 딸아 이 사건이 어떻게 될지 알기까지 앉아 있으라. 그 사람이 오늘 이 일을 성취하기 전에는 쉬지 아니하리라"(3:18). 나오미가 의도한 대로 일이 진행되지 않더라도 하나님은 순결하게 정도를 걷는 보아스와 룻의 결단을 통해 더욱 아름다운 성취를 준비하고 계신다.

당황스러운 일을 겪을 때는
보아스처럼

──────────── 보리밭 타작마당에서 한밤에 벌어진 로맨스 사건을 다시 한번 생각해보자. 보아스의 입장에서 보면 참 당황스러운 일이 아닐 수 없었다. 그의 입장에서 미리 예상해볼 수 있는 일이 전혀 아니었다. 우리도 같은 일은 아니겠지만 보아스처럼 당황스러운 일을 겪을 수도 있다. 이렇게 당황스러운 일을 겪을 때 우리는 과연 어떻게 하면 좋을까?

보아스는 참 힘든 일을 겪었다. 우리가 일터에서 일을 하거나 세상에서 살아가며 그런 것처럼 보아스도 사람 때문에 힘든 일을 겪었다. 우리도 보통 사람 때문에 당황하게 되지 않는가? 사람 때문에 놀라는 경우가 많다. 예상을 하더라도 예측 밖의 일들이 사람에게는 많이 일어나기 때문이다. 그런데 그것은 하나도 이상할 것이 없는 그야말로 정상이다. 비정상이라고 생각하지 말아야 한다. 사람을 대하기 어렵고 사람이 문제를 만들어내는 것은 너무도 당연한 일이다. 사람은 기계나 동물이 아니고 사람이기 때문이다.

주로 어떤 사람들 때문에 어려움을 겪는가? 미운 사람들 때문에 어려움을 겪지 않는가? 나를 해코지하고 넘어뜨리려는 사람들 때문에 힘들다. 나를 자극하는 건전한 라이벌이라면 그나마 고맙기라도 한데, 살다 보면 원수 같은 사람을 만날 수도 있다. 원한에 사무친 그 사람 때문에 어려움을 겪기도 한다. 또 나보다 잘난 사람 때문에 어렵기도 하다. 질투심을 느끼는 것이긴 한데, 아무리 마음을 다잡아도 그 사람을 대하기가 어려운 걸 어쩌는가?

또한 우리는 가까운 사람 때문에 당황한다. 친한 사람에게 상처를 받는다. 눈물 흘리기도 하고 미워하기도 한다. 그렇다고 미워하기만 할 수도 없는 사람이다. 사랑해야만 하는 사람이고 사랑하기도 한다. 그야말로 애증이다! 이렇게 우리가 여러 경우, 여러 부류의 사람들 때문에 당황할 때 그 당황스러운 상황을 어떻게 처리할 수 있는지 보아스를 통해서 배울 수 있다. 보아스는 이렇게 했다.

첫째, 보아스는 상대방을 안심시켰다. 당황스러울 때 상대방을 안심시키는 일이 중요하다. 그날 밤에 보아스는 한 젊은 여인이 타작마당에서 자신의 발치에서 자고 있어서 한바탕 난리를 치러야 했다. 한밤중에 깨어나서 소스라치게 놀랐다. "네가 누구냐?"라고 소리칠 수밖에 없었다. 놀란 것은 너무도 당연하다. 하지만 룻도 얼마나 놀랐겠는가? 또 룻은 얼마나 무안했을까? 젊은 과부가 야밤에 타작마당에서 술에 취해 혼자 자고 있는 남자의 발치 이불을 들고 들어가 누워 있는 것도 쉬운 일은 아니었다.

보아스는 여기서 룻의 입장을 생각했다. 그리고 자기의 존재를 밝힌 룻의 자초지종을 들은 후에는 "내 딸아 두려워 말라"면서 룻을 안심시켰다. 당황스러울 때 나만 당황스러운 경우도 있지만 이렇게 상대방도 당황하고 힘든 경우가 많다. 이럴 때 상대방을 배려할 줄 아는 사람은 참 멋진 사람이다.

당황스러울 때 나의 감정에 충실한 사람도 그리 나쁜 사람은 아니다. 그런 일을 겪을 때 화를 낼 수 있다. 당연한 반응이다. 혹은 침묵할 수도 있다. 그런데 나를 당황스럽게 하는 상대방의 속마음을 헤아려보는 사람은 좋은 사람이며 훌륭한 사람이기도 하다. 우리는 이렇게 보아스와 같은 인품을 훈련해야 한다. 우리의 인품을 이렇게 다듬어가야 한다.

'상대방이 왜 그렇게 행동했을까?'를 생각해봐야 한다. 사람의 행동에는 반드시 원인이 있다. 피치 못할 사정이 있을 수도 있다. 그러니 사람의 행동을 잘 관찰하면 인생을 배우게 된다. 왜 그런 행동을 할까 분석해볼 수 있다. 어떻게 할 수 있는가? 이야기를 많이 나누다 보면 그 사람의 속마음이 드러나고 과거가 밝혀진다. 그러면 그 사람의 행동에 대한 이해심이 자라간다. 서로를 알아가게 된다. 우리는 이런 기회를 많이 가져야 한다. 이것이 바로 미래지향적 과거 알기다. 과거에 집착하면 득보다 실이 많지만 과거를 효과적으로 아는 것은 미래를 위해 도움이 된다. 그러니 우리는 당황스러운 일을 겪을 때도 이렇게 사람을 사랑하고 사람에게 집중해야 한다.

둘째, 보아스는 편법이 아닌 절차와 원칙을 따랐다. 룻을 타작마당으로 보낸 나오미의 입장에서는 자기 집안을 일으켜줄 사람인 고엘 후보 두 사람 중에서 보아스가 나서주면 좋았다. 보아스가 순번으로는 두 번째지만 전에 인연도 있었고, 아마 첫 번째 고엘보다는 더 믿음직했던 모양이다. 그래서 나오미는 룻을 밤에 신방 들여보내는 신부처럼 준비시켜서 보아스에게 보냈다. 나오미의 그런 의도를 보아스는 알아차렸고 충분히 이해했다. 그런데 보아스는 분명하게 자신의 입장을 룻에게 말했다. 첫 번째 고엘 후보가 있고 그가 책임

이행을 포기하면 보아스 자신이 반드시 책임을 지겠다고 했다.

나오미의 의도는 그 밤에 보아스가 마음의 결정을 해서 룻과 성 관계를 가지고 거두어주었으면 좋겠다는 생각이었을 듯하다. 그런 데 보아스는 그런 쉬운 '지름길'을 가지 않았다. '바른 길'을 가기 위해서 절차를 중요하게 여겼다. 이런 절차와 원칙이 중요하다. 개 인적 판단과 실행에 있어서도 마찬가지지만 한 조직에 있어서도 원 칙이 모든 일을 끌어가게 해야 한다. 바로 이런 훌륭한 리더십을 보 아스가 보여주고 있다.

나의 기분에 따라, 내 말에 따라 조직이 움직이면 그것은 잘못된 리더십이다. 원칙 중심의 리더십이어야 한다. 스티븐 코비가 「원칙 중심의 리더십」에서 말하는 강압적 리더십이나 실리적 리더십이 아 닌 원칙 중심의 리더십은 무엇인가? 조직원들의 신뢰를 받으며 비 전과 사명에 따른 역할과 목표에 따라 움직이는 리더십을 말한다. 그러니 리더 자신도 바로 그 공유된 비전과 가치에 따라 움직여야 한다. 오너나 경영자의 기분에 따라 움직이면 그것은 원칙 중심의 리더십이 아니다.

오늘날 한국교회는 이런 원칙 중심의 리더십을 가지고 있는가? 하나님과 그분의 말씀이 교회의 원칙인데, 그 원칙에 따라 교회 안 에서 리더십이 발휘되고 있는지 돌아봐야 한다. 오늘 한국교회가 세 상에서 제 역할을 하지 못하는 상황도 결국 원칙을 제대로 지키지 않는 편법 때문이 아닐까 점검해봐야 한다.

셋째, 보아스는 불필요한 오해를 낳을 만한 행동을 하지 않았다.

룻에게 자초지종을 듣고 난 보아스가 말했다. "이 밤에 여기서 머무르라. 아침에 그가 기업 무를 자의 책임을 네게 이행하려 하면 좋으니 그가 그 기업 무를 자의 책임을 행할 것이니라. 만일 그가 기업 무를 자의 책임을 네게 이행하기를 기뻐하지 아니하면 여호와께서 살아 계심을 두고 맹세하노니 내가 기업 무를 자의 책임을 네게 이행하리라. 아침까지 누워 있을지니라"(3:13).

여기서 보아스는 책임이라는 단어를 네 번이나 반복하고 있다. 보아스는 어떤 다른 보상도 없이 단지 친족을 위해 자신을 희생하여 책임을 다하려고 했다. 일하고 살아가다 보면 일은 다 저지르면서 남들에게 책임을 뒤집어씌우는 사람들이 있다. 일터에서도 문제가 생겼을 때 윗사람이 아랫사람에게 책임을 넘겨버리면 얼마나 실망스러운가? 또한 아랫사람이라고 해서 아무런 책임도 안 지고 윗사람 탓, 남의 탓, 환경 탓만 하면 얼마나 보기 민망하고 답답한가? 모름지기 사람은 책임감이 있어야 한다.

보아스는 책임을 다하면서 특히 불필요한 오해를 방지하기 위해서 노력했다. 사소한 일에도 관심을 가지면서 엉뚱한 파장으로 일을 그르치지 않도록 애썼다. 14절을 보니 룻이 일어나서 가려고 할 때 보아스가 말했다. "여인이 타작마당에 들어온 것을 사람이 알지 못하여야 할 것이라." 그렇다. 괜한 오해를 방지해야 한다. 오해 거리를 만들지 않으려고 보아스는 노력했다. 날이 밝은 후에 성으로 들어가지 않고 사람들의 왕래가 뜸한 새벽에 룻이 성 안으로 들어가게 했다. 보아스 자신도 그때 성 안으로 들어갔다. 아마도 룻이 먼저 성으로 들어가게 하고 뒤이어 보아스가 들어갔을 듯하다.

일을 하면서 사람들이 입방아를 찧을 수 있는 오해가 생기지 않도록 미리 방지해야 한다. 그렇다면 정직과 솔직함은 어떻게 구분되는가? 어떤 차이가 있는가? 정직은 가치 기준이 분명한 것, 진실과 불의에 관한 문제이다. 목에 칼이 들어오더라도 정직해야 할 상황이라면 우리는 진리 편에 서야 한다. 그런데 솔직함은 상황에 따른 판단이 필요한 진실이다. 언제 어디서나 솔직해야 하는가? 알고 있는 것이나 말하고 싶은 것을 늘 다 말해야 하는가? 그렇게 해서는 안 된다. 때에 따라 입을 다물 줄도 알고 평생 간직할 비밀도 더러 있어야 한다. 묻지 않으면 대답하지 않아야 하는 상황도 있다. 모름지기 사람은 입이 좀 무거워야지, 언제나 솔직함이 능사는 아니다.

한번 상상해보자. 보아스가 해가 중천에 떠올랐을 때 베들레헴 성 안으로 룻과 함께 들어오면서 "나, 지난밤에 룻과 관계하지도 않았는데 뭐가 문제냐? 동네 사람들은 다 나와 봐라. 나는 결백하다"라고 소리쳤다면 어떻게 되었을까? 솔직하지 않아도 얼마든지 정직할 수 있다.

그런데 이렇게 오해받지 않으려고 노력했는데도 결국 오해를 받게 되면 어떻게 해야 할까? 또 노력해야 한다. 반박하면서 맞상대해야 할까? 그러지 말고 침묵모드로 돌아서는 것이 더 나을 수도 있다. 어쩔 수 없는 상황에서는 변명처럼 들리는 말을 많이 하는 게 더 해롭다. "침묵이 금"이라는 격언이 여기서 유용하다. 상황을 지켜보면서 기도하고 지혜로운 대응으로 오해를 풀어내기 위해 노력해야 한다. 진실은 결국에는 진가를 나타내기 마련이다. 진지한 노력과 인내가 필요하다.

넷째, 보아스는 예의와 호의로 상대방을 배려했다. 보아스는 친족의 부인인 나오미를 세심하게 배려했다. 보아스는 한밤중에 룻을 집으로 돌려보내지 않았다. 앞에서 살펴본 대로 여러 가지 상황적인 어려움이 있었기 때문이다. 그중 중요한 이유 하나는 나오미에 대한 배려이기도 했다는 점을 기억해야 한다. 만약 한밤중에 룻이 돌아가면 나오미가 어떤 반응을 보였을까? 틀림없이 잠을 자다가 깨서 놀랐을 테다. 일이 잘못된 줄 알고 더욱 당황했을 듯하다. 그래서 보아스는 나오미를 배려하기 위해 새벽까지 룻을 몇 시간 더 타작마당에서 재우고 난 후 새벽에 돌려보냈던 듯하다. 나오미는 새벽에 잠이 깬 후에 며느리 룻을 맞이할 수 있었다.

또한 룻을 돌려보내면서 보아스는 빈손으로 가지 말라고 했다. 상당한 양의 보리를 룻에게 주면서 시어머니에게 가져다드리라고 했다. 나오미가 의도하고 희망했던 대로 보아스가 행동하지는 않았으나 나오미에게 선물을 가져다주는 것은 어떤 의미를 담고 있었을까? 보아스는 모종의 메시지를 보냈다. 룻이 해주는 말을 다 듣고 보아스가 보낸 선물을 보고 난 후 나오미는 보아스의 의도를 충분히 알아차렸다. 나오미는 보아스가 정말 자기 집안에 관심을 가지고 은혜를 베풀 준비를 하고 있다는 확신을 가졌다.

이렇게 우리도 당황스러운 일을 겪을 때 더욱 상대방에게 예의를 다할 수 있어야 한다. 화가 나거나 당황하게 되면 사람들은 보통 거친 반응을 보이거나 예의에 어긋나는 행동을 하기 쉽다. 그런 때일수록 자신의 입장만이 아니라 상대방의 입장을 한 번쯤 생각해주는 여유를 가져야 한다. 이렇게 쉽지 않은 상황에서 상대방을 배려하고 호의를 베풀면 상대방의 응원과 호응을 통해 더욱 수월하게 일을 해낼 수 있다.

다섯째, 보아스는 최선을 다하며 하나님의 뜻을 기다렸다. 인생을 살아가면서, 신앙생활을 하면서, 직업인으로 살아가면서 우리는 당황스러운 일들을 경험할 수 있다. 이때 보아스에게 배울 수 있어야 한다. 보아스는 힘든 일이 있어도 우선 사람에게 관심을 가졌다. 상대방을 안심시키면서 대응했다. 편법이 아니라 절차와 원칙을 중요하게 여기고 자신이 그 원칙 안에 들어가도록 했다. 자신만은 예외라고 생각하지 않았다. 불필요한 오해를 방지하기 위해 노력했다. 이렇게 당황스러운 일에 대해서 적절하게 잘 대응하자 나오미가 나중에 룻에게 이렇게 말한다. "내 딸아 이 사건이 어떻게 될지 알기까지 앉아 있으라. 그 사람이 오늘 이 일을 성취하기 전에는 쉬지 아니하리라"(3:18).

보아스가 일을 제대로 해나가는 모습이 나오미의 눈에도 선하게 보였다. 이제 기다리면 되겠다고 생각했다. 하나님의 섭리와 경륜을 인정하면서 기도하고 있으면 되겠다고 나오미가 판단하는 계기를 보아스가 만들어주었다. 또한 나오미와 룻만 기도한 것이 아니라 이 일을 위해 보아스도 기도했을 듯하다.

〈미드라쉬〉에서는 보아스가 하나님의 뜻을 이루기 위해 이렇게 기도했다고 상상하고 있다. "보아스는 밤새도록 얼굴을 바닥에 대고 엎드려 기도했다. 우주의 주인이시여, 룻에게는 손끝하나 건드리지 않았다는 것을 하나님 당신은 잘 알고 계실 터이니, 저 때문에 하나님의 명예가 훼손되지 않도록 룻이 타작마당에 들어왔다는 사실은 누구에게도 알려지지 않게 하소서"('탈무드와 미드라쉬 및 랍비문헌에서 발췌·편집한 주석 : 룻기」, 변순복 옮김, 대서 펴냄, 251쪽). 최선을 다해 자기의 일을 한 사람은 마음의 평안을 얻는다. 하나님의 선하신 인도를 바라면서 기도하기 때문이다(빌 4:6-7). 이때 하나님이 모든 일을 선하게 이루어주신다.

계획을 실행하기 위해서 우리는 정도를 걷는 것이 무엇보다 중요하다. 지름길을 바라지도 말고 행운이라고 박수칠 것도 없다. 왜 나에게는 요행이 피해 가느냐고 안달할 필요도 없다. 바른 길을 가는 일이 중요하다. 더디 가더라도 바른 길을 가야 한참 갔다가 다시 돌아오는 사람보다 결국 제대로 갈 수 있다. 우리가 이렇게 정도를 걷기 위해 노력할 때 하나님이 기뻐하신다. 세상의 변화도 기대할 수 있다. 남의 탓만 하면서 세상이 썩었다고 한탄하지 말아야 한다. 내가 해야 하고 우리가 해야 한다. 침묵정진! 묵묵히 정도를 걷다 보면 놀라운 성취를 기대할 수 있다. 이제 다음 섹션 7에서 우리는 이 '성취'의 주제를 다룬다.

Section 7. 성취

절차 중시와 절대 희생

──────────── 보아스가 성문으로 올라가서 거기 앉아 있더니 마침 보아스가 말하던 기업 무를 자가 지나가는지라. 보아스가 그에게 이르되 아무개여 이리로 와서 앉으라 하니 그가 와서 앉으매 보아스가 그 성읍 장로 열 명을 청하여 이르되 당신들은 여기 앉으라 하니 그들이 앉으매 보아스가 그 기업 무를 자에게 이르되 모압 지방에서 돌아온 나오미가 우리 형제 엘리멜렉의 소유지를 팔려 하므로 내가 여기 앉은 이들과 내 백성의 장로들 앞에서 그것을 사라고 네게 말하여 알게 하려 하였노라. 만일 네가 무르려면 무르려니와 만일 네가 무르지 아니하려거든 내게 고하여 알게 하라. 네 다음은 나요 그 외에는 무를 자가 없느니라 하니 그가 이르되 내가 무르리라 하는지라.

보아스가 이르되 네가 나오미의 손에서 그 밭을 사는 날에 곧 죽은 자의 아내 모압 여인 룻에게서 사서 그 죽은 자의 기업을 그의 이름으로 세워야 할지니라 하니 그 기업 무를 자가 이르되 나는 내 기업에 손해가 있을까 하여 나를 위하여 무르지 못하노니 내가 무를 것을 네가 무르라. 나는 무르지 못하겠노라 하는지라. 옛적 이스라엘 중에는 모든 것을 무르거나 교환하는 일을 확정하기 위하여 사람이 그의 신을 벗어 그의 이웃에게 주더니 이것이 이스라엘 중에 증명하는 전례가 된지라. 이에 그 기업 무를 자가 보아스에게 이르되 네가 너를 위하여 사라 하고 그의 신을 벗는지라.

보아스가 장로들과 모든 백성에게 이르되 내가 엘리멜렉과 기룐과 말론에게 있던 모든 것을 나오미의 손에서 산 일에 너희가 오늘 증인이 되었고 또 말론의 아내 모압 여인 룻을 사서 나의 아내로 맞이하고 그 죽은 자의 기업을 그의 이름으로 세워 그의 이름이 그의 형제 중과 그곳 성문에서 끊어지지 아니하게 함에 너희가 오늘 증인이 되었느니라 하니 성문에 있는 모든 백성과 장로들이 이르되 우리가 증인이 되나니 여호와께서 네 집에 들어가는 여인으로 이스라엘의 집을 세운 라헬과 레아 두 사람과 같게 하시고 네가 에브랏에서 유력하고 베들레헴에서 유명하게 하시기를 원하며 여호와께서 이 젊은 여자로 말미암아 네게 상속자를 주사 네 집이 다말이 유다에게 낳아준 베레스의 집과 같게 하시기를 원하노라 하니라. 룻기 4:1-4:12.

계획한 일을 성취하는 것은 누구나 바란다. 그런데 그저 수단과 방법을 가리지 않고 목표만 이뤄내면 되는가? 올바른 성공은 원칙을 확고히 세우고 절차도 중시하며 거두는 성취를 말한다.

이제 룻과 보아스의 이야기는 거의 결론에 다다르고 있다. 한밤중에 타작마당에서 벌어졌던 일에 대해서 다 들은 나오미는 이렇게 자신의 희망을 피력한다. "내 딸아 이 사건이 어떻게 될지 알기까지 앉아 있으라. 그 사람이 오늘 이 일을 성취하기 전에는 쉬지 아니하리라"(3:18). 나오미는 성취를 내다보고 있었다. 보아스가 며느리 룻을 통해 보낸 곡식 선물을 보면서 나오미는 예감했다. 이제 나오미 자신이 할 수 있는 역할은 다했고, 공이 보아스에게 넘어갔으니 보아스가 자신의 일을 마무리하여 성취하리라 확신했다.

여기서 말하는 '성취'(Fulfillment)는 단기적인 목표의 '달성'과는 구별된다. 성취는 마치 최선을 다해 달려온 인생을 되돌아볼 때 느끼는 인생의 만족감이라고 할 수 있다. 대표적인 예를 예수님에게서 찾을 수 있다. 예수님은 대제사장의 기도에서 "아버지께서 내게 하라고 주신 일을 내가 이루어 아버지를 이 세상에서 영화롭게 하였사오니 아버지여 창세 전에 내가 아버지와 함께 가졌던 영화로써 지금도 아버지와 함께 나를 영화롭게 하옵소서"(요 17:4-5)라고 기도하셨다. 이것은 예수님이 하나님께서 자신에게 주신 사명을 완수했다고 보고하는 것이라고 볼 수 있다.

그 사명의 성취가 십자가 위에서 "다 이루었다!"(요 19:30)고 선언하심으로써 분명하게 완료되었다. 이것은 예수님이 이 땅에 내려오신 목적을 충분히 이루셨음을 보여준다. 이런 목적 달성이 바로 성취이다. 결국 이 성취는 무엇을 말하는가? 다름 아닌 우리 인생의 '비전'을 말한다. 하나님이 나의 인생에 허락하시고 마음껏 그려보기를 원하시는 인생의 큰 그림이 있다. 그 그림을 그려내는 과정이 바로 우리 인생이다. 이 세상에서 하나님의 나라를 세우는 우리의 중차대하고 유일한 목적을 우리는 이 비전에 담아내 성취해야 한다. 하나님이 우리에게 주신 구체적인 사명을 따라 우리 인생의 전 과정을 통해 그 비전을 성취할 수 있다.

그러면 오늘 우리가 보는 룻기 이야기의 주인공들이 가지고 있던 비전, 즉 성취해야 할 목적은 무엇이었는가? 나오미가 룻에게 이렇게 말했다. "내 딸아 내가 너를 위하여 안식할 곳을 구하여 너를 복되게 하여야 하지 않겠느냐"(3:1). 룻이 결혼하게 하고 집안의 기업을 무르는 일을 통한 땅의 회복이 나오미가 성취할 목적이었다.

보아스는 타작마당에서 룻을 향한 자신의 바람을 이렇게 말했다. "여호와께서 네가 행한 일에 보답하시기를 원하며 이스라엘의 하나님 여호와께서 그의 날개 아래에 보호를 받으러 온 네게 온전한 상 주시기를 원하노라"(2:12). 보아스는 하나님의 날개 아래로 보호를 받으러 온 여인 룻이 그에 합당한 보상을 받기 원했다. 룻이 바로 그 일을 성취하여 그 가정의 어려움을 이겨낼 수 있기를 바라고 있었다.

결국 나오미와 보아스, 두 사람의 비전은 동일했다. 룻을 통해 끊어진 집안의 대를 잇고 잃었던 땅을 회복하여 하나님 백성의 복된 삶을 사는 것이었다. 이런 비전을 성취해야 하는 주도권이 이제 보아스에게 넘어가 있었다. 과연 보아스가 이 어려운 문제를 어떻게 풀어 하나님의 뜻을 성취해가는지 살펴보자.

절차를 중시하여
편법을 배격하라

—————————— 요즘에는 TV에서도 일터를 배경으로 한 드라마를 자주 볼 수 있다. 드라마나 영화를 보면 선인과 악인이 갈등관계를 만들어낸다. 능력 있는 '악인'들이 등장하고 그들이 승승장구하다가 종영할 때쯤 되어서야 주인공인 '선인'에게 지고 만다. 꾸며낸 이야기 속에서야 거의 모든 성공과 성취의 패턴이 이렇게 권선징악 구조이지만 현실은 그렇지 않다. 악인이 오랫동안 잘 나가고 결국 성공하기도 한다. 그런 상황이라고 해서 우리도 수단과 방법을 가리지 않고 목표만 달성하면 되는가? 하나님이 기뻐하시는 멋진 성취의 비결을 우리가 보아스를 통해 발견할 수 있다.

보아스는 바람직하고 멋진 성취를 위해 어떤 미덕을 보여줄까? 새벽에 성에 들어간 후 보아스는 성문을 찾아갔다. 당시 성문 위는 마을의 원로들이 모여서 중요한 결정을 하고 판결을 하는 일종의 재판정이기도 했다. 그곳에서 보아스는 절차를 밟을 준비를 했다. 보아스는 자기가 하려는 일을 그저 대충 처리하려고 하지 않았다. "좋은 게 좋은 거지!"라면서 그저 구렁이 담 넘어가듯이 하지 않았다. 소극적인 성격이거나 문제를 만들고 싶지 않은 사람들은 이런 방법으로 일하려는 성향이 있다. 귀찮은 일은 하지 않는다는 생각인데, 이런 태도가 바람직한 문제 해결책은 아니다.

또한 보아스는 "은혜로!" 일하려고 하지도 않았다. 크리스천들이 왜곡되게 자주 쓰는 이 "은혜로!"는 "우리끼리만 통하는, 그저 그렇게!"인 경우가 많다. 성경에서 말하는 값없는 은혜와도 통하지 않고 건전한 일반상식에도 어긋난다. 교회 안에서나 크리스천 공동체에서 이런 잘못된 종교적 편법이 통하는 현실이 안타깝다. 성속을 분리하는 이원론적 사고방식이기도 하고 종교적 편의주의이기도 하다. 세상 사람들이 보기에 이 "은혜로!"의 방법은 위선처럼 보일 때도 많다. 바람직한 성경적 가치관과 배치되는 일도 이른바 은혜로 다 용납되니 문제이다. 보아스는 그렇게 종교적 편의주의를 동원해 합리화하지 않았다.

또한 보아스는 "법대로 하자!"며 목소리를 높이지도 않았다. 법이 무엇인지는 사람들이 다 알고 있다. 그러니 목소리를 높일 필요가 없었다. 법대로 하자고 하면서 자기는 예외인 무법한 사람들을 우리는 자주 볼 수 있는데, 그것은 진정한 "법대로!"가 아니다. 법대로 하려면 소리치는 것이 아니라 그저 법대로 시행하면 된다는 사실을 보아스는 알고 있었다.

아울러 보아스는 자기에게 유리한 판결을 해주도록 미리 마을의 장로들을 사주하며 권모술수를 쓰지도 않았다. 어떤 모임에나 그저 '정치'가 만사를 해결하는 지름길이라고 생각하는 사람들이 있다. 그들이 바쁘게 다니면서 벌이는 '뒷일'로 인해 많은 사람이 억울하고 불공평한 일을 당하게 된다. 보아스는 그렇게 정치적 공작을 하지 않았다.

그러면 이렇게 편법으로 일하려고 하지 않은 보아스는 어떻게 일의 성취를 위해 노력했는가? 보아스는 자신의 일을 원칙대로 처리했다. 절차대로 일하려고 노력했다. 원칙으로 승부하려고 시종일관 애썼다. 원칙 중심의 일 처리 방법을 보아스가 보여주고 있다.

잠언 30장 24~28절에 보면 잠언 기자는 "땅에 작고도 가장 지혜로운 것 넷"을 언급하며 개미와 사반, 메뚜기와 도마뱀을 다루고 있다. 여기서 "약한 종류로되 집을 바위 사이에 짓는 사반"(26절)을 살펴보자. '사반'은 우리나라에는 없는 동물로 지금도 시리아에 살고 있는 바위너구리이다. 이 작은 초식동물은 쉽지 않은 자연환경 속에서 살아간다. 독수리, 늑대, 표범 같은 맹수들로부터 늘 위협을 당한다. 위기에 처했을 때 이 바위너구리는 냅다 뛴다. 그런데 바위너구리는 사슴보다 빠르지는 못하다. 또 사슴같이 뛰지도 않는다. 사슴은 본래 빠르기도 하고 열심히 뛰는데 계산하면서 방향을 잡아 뛰지는 않는다. 그저 쫓아오는 표범보다 빨리 뛰기가 목표이다. 그러니 이리저리 왔다갔다 들판을 헤집고 다니다가 기운이 빠지거나 협공을 당하면 맹수들에게 잡아먹히고 만다.

그런데 이 바위너구리는 맹수에게 쫓길 때 뛰지만 방향이 있고 목적이 있다는 점이 사슴과 다르다. 바로 바위 사이에 만들어놓은 자기의 집을 향해 뛴다. 또 이 동물은 발이 바위 위를 뛰기에 적당하게 생겨서 일단 바위 지역으로 들어오면 거기서부터는 거의 날아다니듯

한다. 레위기 11장 5절에 보면 먹기에 부정한 동물들을 언급하면서 사반은 새김질은 하지만 발굽이 갈라지지 않았기에 부정하다고 한다. 아마도 발이 통굽이어서 바위 위에서 움직이기에 유리할 듯하다. 다른 맹수들은 바위 위에 올라서면 허둥대며 미끄러져도 이 바위너구리만은 바위가 홈그라운드인 셈이다. 그래서 맹수들에게 쉽게 잡아먹히지 않는데, 이것이 바로 잠언 기자가 말하는 지혜이다.

사반은 자신의 약점을 잘 알고 있다. 그 약점을 보완해서 생존하기 위해 집을 바위 사이에 짓는다. 이 '바위'는 무엇을 말하는가? 비바람이 몰아쳐도 언제나 그 자리에 있는 것, 무서운 짐승들에게 쫓길 때도 실망시키지 않는 보금자리이다. 무너지거나 흔들리지 않는 바위는 '변치 않는 원칙'을 말한다.

〈아기 돼지 삼형제〉라는 동화가 있다. 풀과 나무로 집을 지은 두 마리 형 돼지들의 집은 늑대가 불어재끼는 바람에 다 날아가지 않았는가? 늑대의 공격에도 끄떡 않은 집은 바로 원칙에 따라 벽돌로 지은 막내 돼지의 집이었다. 이 답답한 원칙주의자 막내 돼지가 결국 형 돼지들을 살리고 부양했다. 우리는 이런 원칙을 위기의 순간에 더욱 유념해야 한다.

보아스는 이렇게 원칙을 고수하며 절차를 중시했다. 그런데 나오미 집안의 기업 무를 자들 중 첫 번째 후보인 사람은 아쉬운 부분이 많았다. 마침 그 사람이 성문 앞을 지나게 되었다. 그러자 보아스가 그를 불렀다. 그런데 성경은 "아무개여 이리로 와서 앉으라"(4:1)고 기록한다. 보아스가 그를 부를 때 이름을 안 부르고 아무개라고 불렀을 리는 없다. 그런데 이 사람은 룻기를 쓴 성경의 기록자가 그이름도 기록하고 싶지 않을 만큼 소외되고 있다. 치욕적인 이름을 기록하지도 않는 배려였을까? 이 중요한 일에서 소외된 첫 번째 고엘 후보는 참으로 불행하다. 룻기는 시어머니의 말을 듣고 다시 모압으로 돌아간 며느리 '오르바'의 이름도 기록하는데, 이 사람의 이름은 기록하지 않는다.

더구나 이 사람이 엘리멜렉 가문의 기업을 무르는 일에 있어서 보아스보다 더 순번이 빠른 사람이었다는 점에서 아쉽다. 그 사람은 마침 필요한 때에 성문으로 지나가 주는 역할은 탁월하게 잘했다. 그래서 따로 부르지 않아도 되는 편리함 정도나 제공한 사람이었다. 물론 이것도 하나님의 섭리였다. "마침"(히브리어 버히 네이)이라는 표현은 평소와는 다른 무언가를 표현할 때 사용하는 단어이다. 평소에 그 사람이 자주 성문에 오지는 않았는데 특별하게 눈에 띄게 그 사람이 나타났다는 뜻이다. 우연처럼 보이지만 하나님의 인도하심이었다. 그런데 그 아무개는 그렇게 마침 왔을 뿐 이름도 기록되지 못했고, 그 일의 주인공이 되지도 못한 사람이었다. 단지 이 사람은 이름 대신 나중에 기업 무를 권리를 포기하고 관행을 따라 한 행동대로 '신발을 벗어준 사람'으로 알려졌다(4:7-8). 율법의 관행, 그것도 수치스러운 관행을 제대로 실행한 사람 정도로만 기록될 뿐이었다. 이 '아무개'는 참으로 안타깝고 불행한 사람이었다.

하지만 보아스는 달랐다. 그는 이렇게 말했다. "모압 지방에서 돌아온 나오미가 우리 형제 엘리멜렉의 소유지를 팔려 하므로 내가 여기 앉은 이들과 내 백성의 장로들 앞에서 그것을 사라고 네게 말하여 알게 하려 하였노라. 만일 네가 무르려면 무르려니와 만일 네가 무르지 아니하려거든 내게 고하여 알게 하라. 네 다음은 나요 그 외에는 무를 자가 없느니라"(4:3-4).

편법이 아니라 절차와 원칙을 따라 일하는 보아스가 마음 따뜻한 원칙주의자였다는 점을 확인할 수 있다. 보아스는 엘리멜렉을 가리켜 "우리 형제"라고 말한다. 나오미 집안의 기업을 무르게 하는 일이 남의 일이 아니라 바로 '우리의 일'이라고 강조하고 있는 따뜻한 가슴을 잘 기억해야 한다. "기업을 무를 책임이 있는 사람들 중 첫 번째가 바로 당신이고 두 번째는 나"라고 말하는 보아스는 더 이상은 후보자가 없는 절박한 상황을 강조하며 그 사람을 압박했다. 우리 둘 중 하나는 꼭 그 일을 해야만 한다는 사실을 보아스가 강조했다. 어떻게 하든지 일이 되게 하려는 책임감을 성문에 있던 누구나 느낄 수 있었다.

진실보다 더 나은
대안은 없다

────────── 세상에는 여러 부류의 사람이 있다. 먼저 '아무 생각 없이 사는 사람'이다. 계획도 없고 성실하지도 않게 그저 살게 되니까 사는 사람들이다. 구조적으로 의욕을 갖기 힘든 안타까운 상황에 처한 사람도 있으나 어렵지 않은 환경인데도 이렇게 생각 없는

사람들이 있다. 한편 '자기를 위한 목표를 세우고 사는 사람'이 있다. 이들은 일의 성취를 위해 노력한다. 그 목표를 이루는 것을 성공이라고 생각하며 매진한다. 우리 주변에서도 많이 볼 수 있는 성공주의자들이다. 그런데 이 두 부류의 사람들 외에 '가치 있는 비전을 가지고 사는 사람'이 있다. 목표를 이루기 위해 노력하지만 자기를 위한 것이 아니라 하나님이 주신 비전을 염두에 두고 사는 사람들이다. 이들이 추구하는 가치는 이타적이고 하나님 중심적이다.

자기를 위한 목표를 세우고 살아가는 사람도 괜찮아 보이는 사람이다. 그들은 성과를 이뤄낸다. 그런데 세상을 유익하게 하는 가치 있는 비전을 가지고 살아가는 사람이 진정 성공한 사람이다. 그들은 세상을 복되게 하고 자신이 추구하는 가치를 더욱 빛나게 하는 사람들이다. 그러면 어떤 가치를 추구해야 하는가? 가치라고 하면 우리 크리스천들은 자연스럽게 마태복음 6장 33절의 말씀을 떠올린다. "너희는 먼저 그의 나라와 그의 의를 구하라. 그리하면 이 모든 것을 너희에게 더하시리라."

우리 삶의 우선순위는 바로 하나님의 나라와 하나님의 의이다. 물론 우리가 관심 가지고 살아가야 할 의식주에 관한 영역도 많이 있다. 우리도 무엇을 먹을까, 무엇을 입을까, 전세금을 얼마나 올려줘야 할까 고민하며 살아가지 않을 수 없다. 그런데 우리의 분명한 가치 기준이 무엇인지 분명하게 인식하면서 삶의 우선순위를 세워야 한다.

다시 보아스의 상황으로 돌아와보자. 절차를 중시하고 편법을 배격한 보아스에게 즉각적인 보상이 주어지면 얼마나 좋았을까? 의롭게 절차를 따랐지만 좌절과 위기가 찾아왔다. 순번이 앞서 있는 그 아무개가 자신의 의사 표시를 해왔다. "내가 무르리라." 아마도 보아스는 눈앞이 캄캄해졌을 듯하다. 물론 전에 보아스가 룻에게 말한 대로 룻의 입장에서는 첫 번째 순번인 고엘이 기업 무를 자의 책임을 다하면 룻에게는 아무 문제가 없었다. 만약 그가 책임을 다하지 않으면 보아스가 기업 무르는 일을 해주겠다고 분명히 룻에게 말했다. 이제 룻은 누가 해주든 아무런 어려움 없이 가업을 잇고 땅을 찾을 수 있었다.

하지만 나오미와 룻의 바람은 달랐다. 그들은 보아스가 기업 무르는 일을 해주기를 간절히 원했다. 또한 보아스의 생각도 그랬다. 보아스 자신이 룻을 도와주고 싶은 마음이 간절했다. 룻도 마찬가지였지만 보아스는 룻을 향한 연민을 가지고 있었다. 사랑하는 마음도 가지고 있었던 것으로 보인다. 그런데 그 모든 기대와 바람이 무산될 안타까운 순간이었다.

그런데 바로 이때가 중요하다. 기대하고 바랐던 일이 제대로 되지 않았을 때 더욱 잘해야 한다. 얼굴 표정이 달라지면서 지금까지 지켜온 원칙을 포기하고 화를 내거나 자기 마음대로 해버리면 말짱 도루묵이 되고 만다. 아쉬운 것이 사실이지만 이렇게 원하던 일이 잘되지 않았을 때도 더욱 진실을 고수해야 한다. 보아스가 그렇게 하고 있다.

보아스는 담담하게 첫 번째 고엘 후보가 나오미 집안의 기업을

무르게 될 경우에 어떤 일을 함께해야 하는지 설명했다. 나오미 집
안의 땅을 그가 사주어서 기업을 무르면 나오미의 며느리인 룻과 결
혼하여 그 후손에게 가업을 잇도록 해주어야 한다고 말했다. 보아스
는 그저 담담히 원칙을 설명했고 진실한 태도로 자신의 의중을 표현
했다. 진실보다 더 나은 대안은 없다. 진실한 태도는 끝까지 견지될
때에야 진실하다는 평가를 받을 수 있다. 보아스가 바로 그 미덕을
보여주고 있다. 보아스는 어떤 편법도 배격하며 정당한 절차를 중요
하게 여기면서 이렇게 정도를 걸었다.

절대 희생으로
위기를 극복하라

──────────── 결국 나오미 집안의 기업을 무르겠다고 약속했던
1번 고엘 후보는 포기하고 말았다. "나는 내 기업에 손해가 있을까
하여 나를 위하여 무르지 못하노니 내가 무를 것을 네가 무르라. 나
는 무르지 못하겠노라"(4:6). 그 사람은 관례대로 자기 신발을 벗어
보아스에게 주면서 "네가 너를 위하여 사라"고 했다. 그렇게 그는
기업을 무르는 의무이자 권리를 포기하는 절차를 공식화했다.

그가 말하는 대로 자신은 손해 보기 싫었다. 기업을 무르고 나면
그것이 자기 소유가 되지 않음을 알고 그 사람은 포기하고 말았다.
아마도 1번 고엘 후보는 자기가 고엘이 되어 땅을 구입해주면 나오
미와 결혼하는 것으로 알았던 듯하다. 모압에서 며느리들과 돌아오

려고 하면서 나오미가 이미 말했던 대로 나오미가 남편을 두어 아들을 낳는(1:12) 상황이다. 이것은 나오미가 의도하면 그대로 시행될 수 있었다. 1번 고엘 후보는 나오미와 결혼하면 나오미의 나이가 많아 출산을 못할 가능성을 염두에 둔 것 같기도 하다. 그러면 자신의 돈을 들여서 엘레멜렉 집안의 땅을 사준 그 재산이 결국 자기의 소유가 되기에 자기에게는 손해가 없으리라고 기대했다.

그런데 보아스가 나오미의 며느리 룻과 결혼해야 한다는 계대결혼의 대상을 말하자(4:5) 1번 고엘 후보는 당황했다. 룻과 결혼해서 아이를 낳으면 자기가 돈을 들여 사주었던 그 땅이 그 아들의 소유가 되어 결국 나오미의 집안 재산이 된다. 그러면 자신은 재정적인 손해만 보게 된다고 생각했다. 그래서 이재(理財)에 밝은 1번 고엘 후보는 자신의 권리를 포기했다.

눈앞의 이익에 집중하느라 인생의 참된 가치와 본질을 놓친 이 사람을 보면서 성경 속 인물 에서가 떠오른다. 에서는 자신의 장자의 권리를 바겐세일해 버렸다. 율법은 집안의 장자에게 형제들보다 두 배의 재산을 주고 가정을 이끄는 책임을 지게 했다. 아버지의 기력이 장자에게서 시작되었을 뿐만 아니라 가족을 꾸려 갈 권리와 책임이 장자에게 있었기 때문이다(신 21:17). 그런데 에서는 사냥을 나갔다 와서 배가 고플 때 자신의 장자 명분을 팥죽 한 그릇에 야곱에게 팔아버렸다.

히브리서 12장 16~17절은 에서의 '장자권 세일'을 이렇게 비난한다. "음행하는 자와 혹 한 그릇 음식을 위하여 장자의 명분을 판에서와 같이 망령된 자가 없도록 살피라. 너희가 아는 바와 같이 그가 그 후에 축복을 이어받으려고 눈물을 흘리며 구하되 버린 바가 되어 회개할 기회를 얻지 못하였느니라."

여기서 '망령된 자' 라는 뜻은 이렇다. '거룩한 것을 인정하지 않고 물질적이고 감각적인 것만을 추구하는 자.' 에서는 '미래 가치'를 내다보지 못했다. 하나님이 주신 비전이 얼마나 거룩하고 의미 있는가 제대로 파악하지 못한 크나큰 실수였다. 에서와 생각이 비슷했던 1번 고엘 후보 '아무개'의 생각은 그저 자신이 입을지 모를 손해에 집중되어 있었다. 자기 돈을 들여서 희생해도 재정적으로 유익이 없는 일은 하고 싶지 않았다.

반면 보아스는 희생했다. 자신이 룻을 아내로 맞고 태어나는 아기에게 기업을 주어 가업을 잇게 하며 룻의 가정을 끝까지 세워주겠다고 선언했다(4:9-10). 성문에 모인 장로와 백성들을 증인으로 삼아서 공식적으로 선언했다. 절차에 있어 완벽했고, 이렇게 절대적인 희생으로 결국 보아스는 일을 성취했다.

그러면 보아스의 절대 희생에는 어떤 의미가 있는가? 차근차근 살펴보자. 우선 나오미 집안의 기업을 무르는 일은 보아스에게 맡겨진 일이었다. 보아스에게 주어진 책임이었고, 그가 책임질 의사가 있으니 할 수 있었다. 하지만 첫 번째 고엘이 포기하니 보아스가 떠맡은 일이기도 했다. 그가 하지 않아도 되는 일이었으나 적극적 의향이 있었고, 첫 번째 후보자가 포기하니 기쁘게 감당한 일이었다.

또한 보아스의 절대 희생은 재정적으로도 큰 부담을 주었다. 한 집안의 잃었던 땅을 다시 사주는 일은 큰 희생을 요구했고 그 일을 보아스는 감당해야 했다. 또한 룻과 결혼하는 희생도 해야 했다. 그 집안을 위한 아들을 낳아주어 가계를 계승하게 하는 일도 해야 했다. 룻과 그 가족을 돌봐야 하는 물리적 희생과 정신적 희생도 감당해야 했다.

아울러 말 많은 사람의 비난을 받았을지도 모른다. 손해 보기만 하는 바보 같은 짓을 한다고 말이다. 자기 권리를 포기한 첫 번째 고엘이 오히려 현명했다고 칭찬을 들었을지도 모른다. 실용적이고 손해 보지 않는 선택을 했다는 평가를 받았을 수도 있다. 요즘 우리 사회처럼 실용을 중시하고 가시적 성공을 우선시하는 사회였다면 더욱 그랬을 듯하다. 보아스는 실속 없이 명분만 중시하는 사람으로 비쳤을 수도 있다.

그런데 이렇게 희생만 한 보아스가 한 가지 얻는 것이 있었다. 그것은 바로 명예였다. 자신이 가진 인생의 자원으로 친족을 돌보아주면서 하나님의 율법을 지키는 명예로운 사람이라는 영광이 그에게 주어진 유일한 보상이었다. 잠언 기자가 적절한 교훈을 말해준다. "많은 재물보다 명예를 택할 것이요 은이나 금보다 은총을 더욱 택할 것이니라"(잠 22:1). 보아스의 성취는 명예이고 은총이었다.

이런 보아스의 절대 희생은 예수님의 십자가 사역을 떠올리게 한다. 보아스를 예수님의 예표로 보는데 이 부분에서도 비교해볼 수 있다. 예수님도 보아스처럼 맡겨진 책임을 이행하셨다. 자기 뜻이 아니라 아버지의 뜻을 따라서 십자가를 지셨다. 십자가는 예수님에게 맡겨진 일이었고, 예수님 말고는 아무도 할 사람이 없었다. 그래서 겟세마네 동산에서 간절히 기도하시던 예수님은 자신의 뜻대로 마시고 아버지의 뜻대로 하시라고 기도하셨다.

또한 보아스의 큰 재정적 희생처럼 예수님은 신으로서 자신이 가진 모든 것을 희생하는 일을 감당하셨다. 신의 죽음이라는 '자가당착'을 직접 실행하시면서 죄인들을 구하기 위해 자신의 모든 것을 속전(贖錢)으로 바치셨다. 사탄의 지배 아래 있는 하나님의 자녀들을 구하기 위해 예수님은 자신이 가진 모든 것을 다 희생하셨다.

또한 예수님은 십자가 위에서 말도 못할 수치와 조롱을 당하셨다. 사람들은 마음껏 하나님의 아들이신 예수님을 조롱했다. 만약 하나님의 아들이면 자기를 구원하고 십자가에서 내려오라고 모욕했고, 당장 십자가에서 내려오면 믿겠다고 희롱했다. 보아스가 당했을지도 모르는 조롱과는 비교가 되지 않는 능멸을 예수님은 모두 감수하셨다.

또한 보아스가 영광을 얻은 것처럼 예수님도 영광을 얻으셨다. 자신을 죽음의 단계까지 낮추고 비하하신 예수님을 하나님이 다시 살리고 영광스럽게 하셨다. 결국 온 우주 만물이 그분의 발 아래에 복종하는 크나큰 명예와 영광을 예수님이 얻으셨다. "이러므로 하나님이 그를 지극히 높여 모든 이름 위에 뛰어난 이름을 주사 하늘에 있는 자들과 땅에 있는 자들과 땅 아래에 있는 자들로 모든 무릎을 예수의 이름에 꿇게 하시고 모든 입으로 예수 그리스도를 주라 시인하여 하나님 아버지께 영광을 돌리게 하셨느니라"(빌 2:9-11).

예수님의 절대 희생은 우리를 위한 희생이었고 너무도 감사한 은혜임이 틀림없다. 보아스의 희생하는 모습을 통해서 우리는 예수님의 절대 희생을 엿볼 수 있다.

구매하여 구속해주는
절대 사랑

──────── 룻을 위해 희생한 보아스가 보여준 절대 희생은 다름 아닌 사랑이었다. 룻과 결혼하고 대신 땅을 구매해주는 재정적 희생으로 사랑을 표현했다. 그런데 첫 번째 고엘 후보나 보아스가 룻과 결혼한다는 표현을 하면서 '룻을 산다'고 말하고 있다(4:8-10). 룻의 입장에서는 기분 나쁘거나 무례하게 들렸을 수도 있다. 그러나 이 표현은 룻이 재산으로 간주된다는 뜻은 아니다. "보아스가 룻을 맞이하여 아내로 삼는 일"을 강조한 표현이다(4:13).

신학자 캐서린 두웁 자켄펠드는 「현대성서주석 : 룻기」(한국장로교출판사 펴냄, 140-141쪽)에서 결혼과 관련하여 성경 중 유일하게 사용된 '사다'(히브리어 카나)라는 단어를 수사학적인 강조라고 해석하고 있다. '사다'라는 표현을 결혼과 더불어 사용한 것은 보아스가 담당하게 될 땅을 구입하는 일과 밀접한 연관성이 있음을 강조하는 수사학적 표현이라는 해석이다. 결혼과 땅 구입을 동시에 해주면서 의무와 권리를 수행하는 독특한 보아스의 사랑을 이렇게 표현했다.

그렇다면 보아스가 룻을 사서 그녀를 구해준 일을 '구매 구속'

(購買 救贖, purchasing redemption)이라고 표현할 수 있을까? 물론 '구속'(救贖)이라는 단어가 이미 속전을 지불하고 구원해준다는 구매의 의미를 포함하고 있기는 하다. 다만 사는 행위를 더욱 부각시킨다. 실제로 노예제도 아래서는 노예를 사서 종으로 삼은 주인이 마음만 먹으면 그 노예를 자유롭게 풀어줄 수 있었다. 노예 해방을 위해서 자기의 돈으로 노예들을 사서 해방시켜준 선한 노예 주인들이 있었다. 보아스의 경우는 땅을 구입하는 비용을 지불하고 룻과 결혼해주면서 룻과 그 가정이 자유를 얻을 수 있도록 해준 구매 구속을 실천했다.

이것은 예수님의 십자가 구속사역을 통해 완벽하게 표현된다. 죄인인 우리를 위해 예수 그리스도께서 희생하여 구속해주셨다(엡 1:13-14). 보아스가 룻을 사서 구해준 구매 구속처럼 우리가 사탄에게 매여 잃어버린 것들을 예수님이 희생을 치르고 사서 구원해주셨다. 갈보리 십자가에서 예수님은 그 일을 이루셨다. 이것이 우리가 받은 구원의 핵심이다. 십자가는 예수 그리스도를 죄인들의 가장 가까운 친족, 즉 구속자가 되게 하였다.

보아스의 절대 희생을 통한 성취는 예수 그리스도께서 이 땅에 오셔서 행하신 바로 그 구속사건을 찬송한 빌립보서의 '그리스도 찬송시'(carmen christi)를 통해 분명하게 드러난다. 이 노래가 우리의 마음속 찬양이 되어야 한다.

"너희 안에 이 마음을 품으라. 곧 그리스도 예수의 마음이니 그는 근본 하나님의 본체시나 하나님과 동등됨을 취할 것으로 여기지 아니하시고 오히려 자기를 비워 종의 형체를 가지사 사람들과 같이 되셨고 사람의 모양으로 나타나사 자기를 낮추시고 죽기까지 복종 하셨으니 곧 십자가에 죽으심이라. 이러므로 하나님이 그를 지극히 높여 모든 이름 위에 뛰어난 이름을 주사 하늘에 있는 자들과 땅에 있는 자들과 땅 아래에 있는 자들로 모든 무릎을 예수의 이름에 꿇 게 하시고 모든 입으로 예수 그리스도를 주라 시인하여 하나님 아버 지께 영광을 돌리게 하셨느니라"(빌 2:5-11).

마치 지옥에 떨어지는 것처럼 아찔한 위기를 겪었던 보아스이지 만 끝까지 절차를 중시하면서 절대 희생을 하여 결국 영광의 자리에 올랐다. 나오미와 룻이 바랐고 자신이 목표했던 그 목적을 완벽하게 달성했다. 이제 모든 사람의 공식적인 축하를 받는 일만 남았다. 성 문의 장로와 백성들이 보아스를 축복하는 말을 들어보자. "우리가 증인이 되나니 여호와께서 네 집에 들어가는 여인으로 이스라엘의 집을 세운 라헬과 레아 두 사람과 같게 하시고 네가 에브랏에서 유 력하고 베들레헴에서 유명하게 하시기를 원하며 여호와께서 이 젊 은 여자로 말미암아 네게 상속자를 주사 네 집이 다말이 유다에게 낳아준 베레스의 집과 같게 하시기를 원하노라"(4:11-12).

야곱의 아내였던 라헬과 레아를 다 언급하고 있다. 룻이 야곱의 사랑받던 여인 라헬처럼 사랑받기를 축복했다. 또한 법적인 아내이 자 많은 자녀를 낳았던 레아와 같은 여인이 되도록 축복했다. 이방 인인 가나안 여인이면서 룻과 비슷한 상황이었던 다말을 언급하며 유다에게 자식을 낳아준 것처럼 대를 이어줄 것을 축복하고 있다.

이런 축복을 받으면서 보아스는 룻을 맞이하여 아내로 삼고 동침했다. 그랬더니 하나님께서 임신하게 하시므로 룻이 아들을 낳았다(4:13). 할렐루야!

보아스가 하나님께서 이루신 성취를 감사하면서 했음직한 고백을 훗날 예레미야 선지자가 예언 속에서 하고 있다. "일을 행하시는 여호와, 그것을 만들며 성취하시는 여호와, 그의 이름을 여호와라 하는 이가 이와 같이 이르시도다. 너는 내게 부르짖으라. 내가 네게 응답하겠고 네가 알지 못하는 크고 은밀한 일을 네게 보이리라"(렘 33:2-3).

우리는 상상할 수 있다. 보아스가 이 어려운 일을 감당하면서 자신의 힘을 믿고 일하지는 않았을 듯하다. 하나님을 의지하며, 하나님께 간절히 기도하면서 성취를 위해 노력했다. 그래서 결국 하나님께 그 모든 성취의 영광을 돌릴 수 있었다. 편법을 배격하고, 절차를 중시하며, 절대 희생으로 주어진 기회에 감사하며 순종했던 보아스가 자신에게 찾아온 심각한 위기도 극복하며 아름다운 성취를 이루어낼 수 있었다. 오늘 우리도 이렇게 우리의 삶 속에서 성취하는 것이 있어야 한다. 우리 평생에 걸쳐 성취한 비전을 후손에게 남겨야 한다. 남길 유산이 없는 인생은 참으로 초라하지 않겠는가? 이제 마지막 주제인 유산에 대해서는 섹션 8에서 다루어보자.

Section 8. 유산

계
승
과
계
보,
그
리
고
계
속

──────── 이에 보아스가 룻을 맞이하여 아내로 삼고 그에게 들어갔더니 여호와께서 그에게 임신하게 하시므로 그가 아들을 낳은지라. 여인들이 나오미에게 이르되 찬송할지로다. 여호와께서 오늘 네게 기업 무를 자가 없게 하지 아니하셨도다. 이 아이의 이름이 이스라엘 중에 유명하게 되기를 원하노라. 이는 네 생명의 회복자이며 네 노년의 봉양자라 곧 너를 사랑하며 일곱 아들보다 귀한 네 며느리가 낳은 자로다 하니라.

나오미가 아기를 받아 품에 품고 그의 양육자가 되니 그의 이웃 여인들이 그에게 이름을 지어주되 나오미에게 아들이 태어났다 하여 그의 이름을 오벳이라 하였는데 그는 다윗의 아버지인 이새의 아버지였더라. 베레스의 계보는 이러하니라. 베레스는 헤스론을 낳고 헤스론은 람을 낳았고 람은 암미나답을 낳았고 암미나답은 나손을 낳았고 나손은 살몬을 낳았고 살몬은 보아스를 낳았고 보아스는 오벳을 낳았고 오벳은 이새를 낳고 이새는 다윗을 낳았더라. 룻기 4:13-4:22.

다음세대에 대한 교회와 사회의 관심과 걱정 때문인지 요즘 대를 잇는 계승에 대해 자주 생각한다. 유산(legacy)의 중요성을 가까이에서 인식하는 경험을 했다. 나의 아들은 좀 특별한 군대를 다녀왔다. 토익 성적을 가지고 추첨을 통해 입대를 결정하는 카투사에 지원하여 군복무를 했다. 말로만 들었고 잘 알지는 못했던 주한 미군의 한국군지원단의 사병으로 가게 되었는데, 논산에 있는 육군훈련소에서 6주간의 기본 훈련을 받은 후, 다시 의정부에 있는 카투사 훈련소에 입소해 훈련을 받았다.

어느 날, 아들에게 전화가 왔는데 군종병을 모집한다고 해서 지원했다고 했다. 면접을 봤다고 하길래 어떤 내용의 면접 질문을 받았는지 물었다. 몇 가지 질문이 있었는데 중요한 질문이 "왜 군종병이 되려고 하는가?"라고 했다.

아들이 어떻게 대답했는지 궁금했다. 아들은 군종병에 대한 별다른 지식도 없어서 이렇게 대답했다고 한다.

"아버지가 군대생활하면서 군종사병이었는데, 제가 군종병에 대해서 잘 모르긴 하지만 아버지가 하신 일을 저도 해보고 싶은 마음이 들어서 군종병으로 지원했습니다."

사실 나는 신학대학교를 졸업하고 신학대학원에 입학한 후 입대를 했고, 기술행정병 모집에 지원하여 군종병으로 복무했다. 그런데 아들은 신학대학교에 다니지도 않았다. 그러면서도 아버지가 했던 일이기에 군종병에 지원했다고 대답한 이야기를 듣고 합격하기는 힘들겠다고 생각했다. 나는 '복음의 열정과 영혼 사랑'과 같은 사명과 연관된 대답을 했어야 하지 않나 생각했다.

　　그런데 며칠 뒤 아들이 군종병에 합격했다는 소식을 전해왔고, 한 부대에 군종병으로 배치받아 복무를 잘하고 제대했다. 나중에 이 이야기를 주변 사람들에게 했더니 미국 문화를 경험한 사람들이 이야기해주었다. 아버지가 한 일을 자식이 이어서 하는 것은 미국인들이 중요하게 여기는 'legacy'(유산)라고 했다. 나의 아들의 면접 답변이 허술하거나 무의미한 답변이 아니었다는 것이고, 충분히 면접관들을 설득했다고 말했다. 이런 이야기를 두 사람이 동일하게 내게 말해주었다.

　　우리나라는 사실 '세습'이라고 하면 두드러기 반응을 보이는 것이 현실이다. 물론 세습은 잘못되었다. 특히 '일터'의 세습은 문제가 많다. 대기업이나 교회, 그중에서도 대형교회의 세습은 잘못된 것이 틀림없다. 편법이 동원되고 많은 돈과 이권이 개입된 탐욕이 다분히 깃들어 있다. 그런데 '직업'의 세습은 귀하지 않은가? 기업을 경영하면서 쉽지 않은 인생을 사는 부모를 보고 자란 자녀가 자기도 기업을 경영하여 직원들을 고용해 월급을 주고 사회와 세상에 기여하겠다고 결심한다면 기특하고 귀한 일이다. 쉽지 않은 목회의 길을 걷는 목회자의 자녀가 부모를 뒤이어 목회자의 길을 걷는다면 그것이야말로 멋진 직업의 세습이 아닌가! 일터의 세습이 아닌 직업의 세습이 바람직하듯이 대를 이어 전수되는 유산(legacy)은 더욱 귀하다.

길게 이어진 룻기의 일상생활을 통한 하나님의 섭리 이야기가 이제 아름다운 결말을 맞이하게 되었다. 기업을 무를 첫 번째 후보가 책임 이행을 포기했고, 두 번째 후보인 보아스가 희생하겠다는 선언을 지켜본 성문의 장로와 백성들이 찬사를 보냈다.

"우리가 증인이 되나니 여호와께서 네 집에 들어가는 여인으로 이스라엘의 집을 세운 라헬과 레아 두 사람과 같게 하시고 네가 에브랏에서 유력하고 베들레헴에서 유명하게 하시기를 원하며 여호와께서 이 젊은 여자로 말미암아 네게 상속자를 주사 네 집이 다말이 유다에게 낳아준 베레스의 집과 같게 하시기를 원하노라"(4:11-12).

보아스와 룻이 결혼하게 됨을 최고의 찬사로 축복하고 있다. 이들의 결혼은 어떤 결과를 낳을까? 어떤 유산을 남기게 될까? 그것을 정리하면서 룻기의 결론을 확인해보자.

계승하여 구원을
완성하라

———————— 이방 땅 모압에서 남편을 잃고 이주해온 여인 룻이 드디어 유대 땅에서 결혼을 하고 기업을 이어갈 수 있게 되었다.

하나님의 놀라운 은혜로 가능했던 일인데, 더구나 룻이 보아스와 결혼한 일이 중요한 점은 이 가정을 통해 예수 그리스도의 가계가 이어진다는 사실 때문이다. 예수님의 계보에 룻이 포함되는 영광을 누리게 되었다. 어떻게 이들이 결혼했고, 그 결혼이 어떤 의미를 가지고 있는지 확인해보자.

룻기의 결론 부분에서는 보아스가 룻을 '맞이하여' 아내로 '삼고' 룻과 '동침했다'고 한다. 하나님이 룻에게 '임신하게 하여' 아들을 '낳았다.' 연달아 이어지는 다섯 개의 동사들 속에 하나님이 주신 가정언약의 축복이 고스란히 담겨 있다. 그리고 이적도 나타나 있다. 과거 모압에서는 오랜 기간 동안 룻이 말론과 결혼생활을 했으나 아이를 낳지 못했다. 라헬과 한나를 하나님이 생각하시니 그들이 임신한 것처럼(창 30:22, 삼상 1:19) 하나님이 룻에게 은혜를 베풀어 임신하게 하셨다. 보아스와 룻의 아들이 태어나자 동네의 여인들이 태어난 아기를 축복하며 나오미에게 축하의 말을 던지고 있다.

"찬송할지로다. 여호와께서 오늘 네게 기업 무를 자가 없게 하지 아니하셨도다. 이 아이의 이름이 이스라엘 중에 유명하게 되기를 원하노라. 이는 네 생명의 회복자이며 네 노년의 봉양자라. 곧 너를 사랑하며 일곱 아들보다 귀한 네 며느리가 낳은 자로다"(4:14-15).

이 가정의 끊어질 뻔한 대를 이어 생명이 회복됨을 축하하고, 또한 나오미가 노년에도 자녀들의 섬김을 받을 것을 기뻐해주고 있다. 아이의 이름이 이스라엘 중에 유명하게 되기를 바랐던 것처럼 태어난 아기 오벳은 다윗 왕의 할아버지가 되어 왕가의 계보에 속하는 복을 누린다(4:17). 그리고 나오미가 아기를 받아 품에 안고 그의 양육자가 되었다고 한다. 이렇게 성경이 기록하는 일련의 과정을 통해서 우리는 한 가정에서 일어나는 '계승'에 대해 생각해볼 수 있다.

가정의 계승을 위해서는 우선 두 사람이 결혼해야 한다. 한 가정을 이루기로 언약한 한 남자와 한 여자가 한몸과 한마음이 되는 결혼을 통해 가정이 시작된다. 결혼한 부부는 아이를 잉태하여 출산한다. 출산은 하나님이 인류를 창조하신 후 창조명령으로 주신 "생육하고 번성하여 땅에 충만하라"(창 1:28)는 명령을 지키는 일이고, 가정의 계승을 위해서는 필수적인 과정이다.

태어난 아이를 양육하는 과정 또한 필수적이고 중요한 가정계승의 한부분이다. 룻기에서는 할머니가 아이를 키우는 일종의 손주 양육을 볼 수 있다. 요즘에는 맞벌이 부부도 많고, 자식들이 일하느라 바빠서 할머니, 할아버지가 손주를 키워주느라 힘든 가정이 꽤 있다. 심지어 갈등이 생기는 경우도 볼 수 있다. 그러나 나오미가 손자 오벳을 양육한 일은 그런 힘든 손주 양육이 아니라 그야말로 자발적으로 손주의 양육자가 되어주는 할머니의 모습이었다. 나오미가 많은 부분을 친히 감당했을 이 가정의 자녀 양육을 볼 수 있다.

가정의 계승에서 그다음 단계가 중요하다. 자녀를 양육하고 그들이 또 부모를 떠나서 결혼을 하고 새로운 가정을 이루게 되면 가정의 계승은 완성되는가? 성경에서는 생략했지만 진정 가정의 계승이 되기 위해서는 '죽음'이 따라야 한다. 할아버지, 할머니, 아버지, 어머니는 차례로 세상을 떠나고 그 자녀들, 또 그들의 자녀들이 뒤

이어 가정을 계승해 가야 한다. 룻기의 마지막 부분에 묘사하는 사람들의 계보(genealogy)가 바로 죽음을 통한 계승을 잘 보여준다. 가정 안의 계승에서 마지막 단계인 죽음을 우리는 잘 맞아야 한다.

몇 년 전 신선한 뉴스를 들을 수 있었다. 미국 알링턴 국립묘지에는 장군이나 사병이나 똑같은 면적이 할당된다고 하는데, 우리나라의 국립묘지에는 장군 묘역이 따로 있다. 사병 묘역과는 규모에서 큰 차이가 난다. 그런데 주월 사령관을 지냈던 채명신 장군은 육군 중장으로 예편했는데, 월남전에서 전사한 전우들 곁에 묻히고 싶다고 유언을 남겼다고 한다. 주월 사령관으로 지낼 때도 전사한 장병들을 안타까워하고 국립묘지를 참배하곤 했다. 그래서 사병 묘역에 비석 하나만 세우는 장례를 치르게 되었다. 사전에 자신의 장례에 대한 의향을 채명신 장군이 분명히 밝힌 것을 후손들이 귀담아듣고 따랐기 때문에 가능했다.

요즘 '사전 장례 의향서'라는 것이 있어서 자신의 장례에 대해 미리 준비하는 일을 권장하고 있다. 대부분 검소한 장례식을 치르며 아낀 비용을 선한 일에 사용하게 한다는 내용이 많다. 이런 죽음에 대한 준비는 나이 많은 사람들만의 이야기가 아니다. 아무리 평균 수명이 80세를 넘어가더라도 우리는 젊은 날부터 늘 죽음을 생각하며 살아야 한다. 하나님이 부르시는 날을 염두에 두고 살아가야 하기에 자신의 유언장을 미리 작성해보는 것도 의미 있는 일이 아닐 수 없다. 늘 죽음을 준비하는 인생으로 살아가야 한다.

역사가 헤로도토스에 따르면 고대 이집트에서는 잔치가 끝날 무렵 참석자들이 거나하게 술에 취해 있을 때 하인들이 들것에 무언가를 담아서 돌아다녔다고 한다. 바로 해골을 담아 연회장 탁자 사이를 돌아다니는 관습이 있었다. 왜 그랬을까? 뭔가 생각해보라는 것 아니겠는가? 기쁨이 그저 기쁨이 아닌 인생, 웃을 때에도 마음에 슬픔이 있고 즐거움의 끝에도 근심이 있는 인생에 대해 생각하고 돌아볼 수 있어야 한다는 뜻이다. 죽을 날을 염두에 두라고 잔치 자리에서 그런 퍼포먼스를 했다. 잔치를 마쳐가던 이집트 사람들은 뭔가 미래를 위해 해야 할 일을 찾았다. 바람직한 미래를 위해서 죽음을 생각해보고 중요한 교훈을 얻으려고 했다.

고대 로마제국에서 승전하고 돌아오는 개선장군의 뒤를 따르며 그 집의 노예가 외치던 말이 있었다. "memento mori." 라틴어로 "사람은 누구나 죽는다는 것을 기억하라"이다. 축하받고 칭송받으며 자랑스럽게 개선하는 승전 장군 뒤에서 외치게 했던 이 묘하고도 특별한 말은 죽음을 기억하면서 당신 자신을 돌아보라는 뜻이 아니겠는가? 진정한 계승은 의미 있게 잘 죽는 바람직한 죽음을 통해 완성된다. 복되게 잘사는 웰빙(well-being)만 중요한 것이 아니다. 잘 죽는 웰다잉(well-dying)이 어쩌면 더 중요하다. 그래서 요즘엔 잘 늙어가는 웰에이징(well-aging)을 말하기도 한다. 우리의 가정을 중심으로 이런 계승이 아름답게 이루어질 때 복된 가정, 축복받은 인생이 될 수 있다.

다음세대를 위해
무엇을 남길 것인가

──────────── 또한 우리가 기억해야 할 것은 일터의 계승이다. 출애굽기 17장 10~15절에 보면 이스라엘 백성들이 출애굽 후 광야 생활을 시작한 초기에 있었던 한 전쟁을 기록하고 있다. 아말렉 종족과 이스라엘 백성들이 전쟁하는 장면이 나온다. 지도자 모세가 여호수아에게 군대를 모아 나가서 아말렉과 싸우라고 명령한다. 그리고 모세는 아론과 훌이라는 측근 인사들과 함께 산꼭대기로 올라갔다. 여호수아는 백성들을 이끌고 나가서 전쟁을 하고, 모세는 하나님의 지팡이를 잡고 손을 들었다. 하나님의 은혜를 구하며 기도를 했다.

그런데 모세의 팔이 올라가 있으면 이스라엘 군대가 이겼고, 팔을 내리면 졌다. 사람이 팔을 오래 올리고 있는 것은 쉬운 일이 아닌데 어떻게 해야 하는가? 아론과 훌이 모세를 돌 위에 앉히고 그 두 사람이 한 쪽 팔을 붙들어서 내려오지 않게 했다. 그 손이 해가 지도록 내려오지 않았다고 한다. 여호수아는 백성들과 함께 아말렉 족속을 쳐서 크게 무찔러 이겼다.

바로 이런 이야기가 기록되어 있다. 이 전쟁에서 승리한 일은 어떤 교훈을 주는가? 어떻게 전쟁에서 승리할 수 있었는가? 이 성공은 모세 덕인가? 팔을 붙들어준 아론과 훌, 그리고 참모들 덕이었는가? 역시 모세가 하나님께 드린 기도가 성공을 가능하게 한 요인인가? 성공에는 기도가 중요한 것을 무시할 수 없다. "싸울 날을 위하여 마병을 예비하거니와 이김은 여호와께 있느니라"(잠 21:31). 기도의 중요성과 함께 이 사건은 중요한 교훈 하나를 더 주고 있다.

성공은 계승과 연관되어 있다. 진정한 성공은 계승되어야 한다. 모세는 광야생활이 40년이나 남아 있었지만 일찌감치 광야생활에 첫발을 내디딘 때부터 여호수아를 세워 전쟁을 지휘하게 했다. 모세 자신은 손을 들고 온종일 산 위에서 얼굴을 그을리고 땀 흘리면서 기도하는 수고를 감당했다. 이렇게 계승을 위해 노력할 때 진정한 성공을 거둘 수 있었다.

전쟁을 마친 후 하나님은 모세에게 특별한 지시를 하셨다. 이 전쟁 이야기를 기록해서 기념하게 하고, 여호수아가 반복해서 듣게 해 아예 외우게 했다. 이렇게 이야기를 강조하셨다. 아말렉을 하나님이 천하에서 기억도 못하게 하신다는 계획을 말씀하셨다. 그 목표를 이루기까지 계속 이야기하라고 하셨다. 그래서 모세가 제단을 쌓고 그 이름을 "여호와 닛시"라고 이름 붙였다. "여호와 하나님이 나의 깃발"이라는 뜻으로 승리와 성공을 기념하는 이름을 지었다. 여호와 닛시! 이렇게 담화문을 발표했다. "여호와께서 맹세하시기를 여호와가 아말렉과 더불어 대대로 싸우리라 하셨다." 이것이 바로 아말렉과 전쟁한 일의 결론이었다. 이렇게 성공은 이야기가 되어 계승되어야 한다.

진정한 성공이 계승되기 위해서는 이야기가 전수되어야 한다. "마땅히 행할 길을 아이에게 가르치라. 그리하면 늙어도 그것을 떠나지 아니하리라"(잠 22:6). 그러면 무엇을 가르칠 것인가? 돈보다 가치, 지위보다 진정한 명예를 가르쳐야 한다. 사람답게 사는 의미와 중요성과 그 가치를 가르쳐주는 것이 최고의 유산이다. 이런 훈련을 시켜야 한다. 인생은 훈련 없이는 완성되지 않는다. "많은 재물보다 명예를 택할 것이요 은이나 금보다 은총을 더욱 택할 것이니라"(잠 22:1). 돈과 물질이 조성하는 타락한 문화로부터 자녀를 양육하고 보호하는 일이 부모의 책임이다. 우리 일터에서도 사람들이 진정한 가치를 잊고 헛된 성공을 추구하는 문화로부터 바른 길을 가게 하는 것이 윗사람의 책임이다. 참된 가치를 훈련해야 윗사람의 책임을 다할 수 있다.

잠언 22장의 마지막은 가치와 명예에 대해 이렇게 결론내린다. "네가 자기의 일에 능숙한 사람을 보았느냐 이러한 사람은 왕 앞에 설 것이요 천한 자 앞에 서지 아니하리라"(잠 22:29). 여기서 "능숙한"(skilled, NIV) 것은 성실하고 근면하게 노력하는 자세를 함축하고 있다. 꾸준히 훈련을 감당해서 숙달되어 있고 노련한 장인의 상태를 말한다. 직업분야에서 우리에게는 이런 훈련이 꼭 필요하다.

2009년 1월 15일, 미국 US Airways 소속 1549편 여객기가 뉴욕 허드슨강 위로 추락했다. 뉴욕 라과디아 공항에서 이륙 후 7분 만에 일어난 사고였다. 원인은 철새와의 충돌로 인한 엔진 화재였다. 양쪽 엔진이 다 멈췄고, 승객들은 창밖으로 치솟는 불길을 목격했다. 그 비행기 안에는 승무원을 포함해 총 155명이 탑승해 있었다. 추락에 대비하라는 기장의 안내 방송이 나왔고, 승객들은 저마다 기도했고, 자신들을 기다릴 가족을 떠올리며 유서를 쓰기도 했다.

당시 비행기는 뉴욕 상공 300미터 위를 날고 있었고, 바로 아래는 뉴욕 맨해튼의 마천루가 펼쳐져 있었다. 탑승객이 다 죽는 것만이 문제가 아니라 비행기가 빌딩 숲에 추락하면 9·11테러만큼의 피해가 생길 수도 있는 상황이었다. 그 순간 기장 설렌버거는 관제사의 뉴저지 작은 공항으로 가라는 유도를 포기하고 허드슨강으로 방향을 틀었다. 비행기 승객 외에도 뉴욕 시민들의 안전을 지키기 위한 순간적인 판단이었다.

하지만 허드슨강으로 불시착할 때 물의 표면장력으로 항공기 동체가 대파될 수 있는 상황이었다. 속도를 최대한 줄였다. 그리고 꼬리부터 물에 닿도록 조종해서 동체가 머리부터 물속에 박히는 위험을 방지했다. 만약 착륙 시 조금이라도 각도가 틀어졌다면 강 위에 비행기가 몇 십 분 떠 있을 수 없었을 것이라고 한다. 사고 발생 시간부터 착륙까지 걸린 시간은 단 4분에 불과했다. 그 짧은 시간에 설렌버거 기장은 올바르고 정확하게 판단해야만 했다.

US 1549편은 허드슨강 수면 위로 안전하게 불시착했다. 비행기가 수면 아래로 침몰하고 있는 위급한 상황에서 승객들은 기장과 승무원의 지시 아래 비행기 양쪽 날개 위로 2분 만에 탈출했다. 기장은 마지막까지 기내에 남아서 기내를 앞뒤로 다니며 혹시라도 남은 승객이 있는지 확인하고 또 확인했다. 그리고 마지막으로 밖으로 나왔다. 당시는 추운 겨울이어서 기온은 영하 8도, 강의 수온도 영상 1.5도로 내려간 상태였다. 밖으로 나간 기장은 자기의 유니폼을 벗어 추위에 떠는 승객에게 입혔다. 이런 사람이 진정한 캡틴이 아닌가!

곧 도착한 첫 구조선과 차례로 달려온 페리와 여객선들을 통해 구조작업은 신속하게 진행됐다. 불시착 후 전원 구조까지 걸린 시간은 불과 23분이었다. 당시 뉴욕 시장이었던 마이클 블룸버그는 이 사건을 '허드슨강의 기적'이라고 표현했다.

그러나 US 1549편 기장 체슬리 설렌버거는 이렇게 말했다. "탑승객들과 지상에 있는 사람들에게 피해를 주기 싫었습니다. 지금까지 나의 인생은 그 순간을 위한 준비과정이었다고 생각합니다." 설렌버거 기장은 국민적인 영웅이 되었다. 하지만 설렌버거는 이것을 기적이 아닌 '훈련의 결과'라고 말했다. 그는 수십 년간 비행기를 조종하면서 위험에 대처해왔고, 평소에 위험한 상황을 대비하는 반복된 비상훈련을 해왔다. 그런 경험이 결국 그런 기적과 같은 대응을 가능하게 했다는 뜻이었다.

일하는 사람들은 가만히 생각해봐야 한다. 나는 과연 나의 일을 후임자에게 제대로 계승할 수 있는가? 나 혼자만 일을 잘하면 되는 것이 아니다. 나를 이어 일할 다음 사람이 내가 한 일보다 더 잘해야 내가 일을 제대로 한 셈이다. 계승의 계획을 가지고 있는가? 누구에게 어떻게 당신의 일을 계승할 것인가? 질문에 답할 수 있어야 한다. 결국 사람의 문제이다. 사람을 세우는 일이 우리가 하는 일의 전부라고 할 수 있다. 모세가 여호수아를 세워서 계승했듯이 내가 최선을 다해 훈련받고, 또한 후배들을 그렇게 훈련하여 멋진 계승을 해낼 수 있어야 한다.

일터의 계승뿐만 아니라 우리는 '다음세대'를 위해 남겨줄 것에 대해서도 머리를 싸매고 궁리해야 한다. 다음세대를 위해 어떤 가치관을 심어주는가? 돈 많이 벌고 그럴듯한 집 한 칸 장만하고 땅도 좀 가지고 있으면 행복하다고, 노후를 위한 저축을 여유 있게 하면 안심할 만한 인생이라고 가르쳐주는가? 무엇을 보여주는가? 어떻게 살라고 가르쳐주는가? 다음세대를 향해서 강조하고 보여줄 인생의 핵심가치는 과연 무엇인가? 오늘 내가 인생을 살아가는 목적이 분명하지 않으면 우리의 다음세대를 제대로 이끌어줄 수 없다.

사사기 2장 10절에는 여호수아 사후의 세대에 대한 기록을 이렇게 하고 있다. "그 세대의 사람도 다 그 조상들에게로 돌아갔고 그 후에 일어난 다른 세대는 여호와를 알지 못하며 여호와께서 이스라엘을 위하여 행하신 일도 알지 못하였더라." 여호수아가 살았던 시대와 그의 영향을 받았던 세대 사람들은 하나님을 잘 섬겼다. 그런데 여호수아가 살던 때와 그 뒤에 생존한 장로들이 살던 때에만 그들이 여호와를 섬겼다고 한다(삿 2:7). 여호수아의 시대 이후 '다음' 세대는 신앙적으로 전혀 '다른' 세대가 되어 버렸다.

오늘 우리시대의 청년이나 자녀들도 이런 심각한 함정에 빠지고 있다. 또한 우리시대 청년들은 부모 세대의 경제적 부와 고학력으로 혜택을 받으며 자랐는데, 막상 취업현장에 나오니 환경이 너무나 좋지 않은 악재를 만나고 있다. 요즘 우리 청년들은 포기하는 것이 왜 그렇게 많은가? 얼마나 안타까운 일인가? 취업문제가 우리 청년들의 뇌리를 온통 채우고 있다. 그래서 결혼 연령도 늦어진다. 생각대로 잘되지 않아서 절망한다. 정말 청춘들이 많이 아프다. 이런 때에 어떻게 청년들에게 참된 가치를 심어줄 것인가?

세상에서 취업문제로 고민하고, 교회 안에서 신앙문제로 갈등하는 우리 청년들에게 우리는 인생과 신앙의 참된 본질이 무엇인지 보여줄 수 있어야 한다. 세상의 가치관과 다름없이 그저 '좋은 학교, 좋은 직장!' 만 노래 부르지 말아야 한다. 성경 인물들을 들이대며 믿음을 가지고 살면 이렇게 높은 지위에도 오르고 성공한다고 위협하지 말아야 한다. 바람직한 성경적 직업관을 심어주고 하나님 나라의 우선순위를 추구하는 삶을 가르쳐주어야 한다. 오늘 우리 젊은 세대의 고민을 이해하고, 그들의 문화와 기호를 파악하여, 유익하고 재미있는 경건훈련의 도구도 계발해야 한다.

신앙생활에 있어서도 마찬가지다. 신앙생활의 당위와 의무만을 강요할 것이 아니다. 신앙을 가지고 사는 삶의 유익과 기쁨을 보여줄 수 있어야 한다. 진정 하나님이 주시는 평안으로 인해 행복한 모습을 보여줄 수 있어야 한다. 그래서 우리의 다음세대를 세워주고 진정한 계승을 추구할 수 있어야 한다.

성공은 계승되어야 참된 성공이다. 영어의 'succeed'에는 '성공하다' 와 '계승하다' 라는 뜻이 함께 들어 있다. 그런데 이 단어의 명사형은 성공(success)과 계승(succession)으로 나뉜다. 성공과 계승은 밀접한 관계가 있다는 뜻이 담겨 있다. 두 가지 뜻이 있다고 따로 명사형을 만들어 외우도록 언어 체계를 복잡하게 만든 것은 그만큼 성공과 계승의 상호적 개념을 선명하게 강조하고픈 의도가 아닐까 생각해본다. 진정한 성공은 계승과 관계되어 있다. 계승을 제대로 하지 못하면 성공이라고 할 수 없다. 그렇기에 우리는 가정에서나

직장에서, 또한 교회에서도 참된 계승을 통한 멋진 성공을 추구할
수 있어야 한다.

영적 계보의
명예를 누리라

──────── 보아스와 룻의 가정에 아이가 태어나자 특이하게
도 그의 이웃 여인들이 아이의 이름을 지어주었다. "나오미에게 아
들이 태어났다"고 하면서 아이의 이름을 '오벳'(섬기는 자, 경배자
의 뜻)이라고 했다(4:17). 룻의 아들이지만 나오미의 아들이라고 하
면서 베들레헴 여인들은 나오미에게 많은 축하를 보내고 있다. 그런
데 이 아이가 다윗 왕의 아버지인 이새의 아버지였다고 놀랍고도 명
예로운 계보의 기록을 남겨주고 있다. 오벳이 이새를 낳았고, 이새
가 다윗 왕을 낳았다. 이렇게 계보를 통해서 유산이 이어지고 있다.

특히 계보의 마지막으로 언급된 다윗은 특별히 강조되어 있는데
(4:22), 히브리어로 기록된 룻기에서 '다윗'이 마지막 단어여서 눈
에 띄게 강조되고 있다. 사사기의 중요한 특징인 왕의 부재로 혼란
한 시대에 진정한 왕을 원하는 기대를 볼 수 있다. 사울 왕이 다윗
왕 이전에 있었으나 이스라엘의 왕으로서 귀감이 되지는 못했는데,
이제 다윗이 왕다운 왕으로서 진정한 하나님 나라의 통치를 해내기
를 기대하고 있다.

그런데 우리가 의문을 가져야만 하는 부분이 있다. 왜 계대결혼

을 이야기하는 룻기에서 엘리멜렉 집안의 족보가 소개되지 않고 보아스 집안의 족보가 나오는가? 다시 말해 오벳은 보아스의 아들이 아니라 엘리멜렉의 손자요, 말론의 아들이어야 하지 않는가? 계대결혼을 통해서 낳은 아들은 대가 끊어진 가문의 아이가 되는 것이 관례였는데, 왜 오벳이 보아스의 아들로 기록되었는지 의문을 가질 만하다. 보아스 자신도 이렇게 말한다. "또 말론의 아내 모압 여인 룻을 사서 나의 아내로 맞이하고 그 죽은 자의 기업을 그의 이름으로 세워 그의 이름이 그의 형제 중과 그곳 성문에서 끊어지지 아니하게 함에 너희가 오늘 증인이 되었느니라"(4:10). 오벳은 엘리멜렉 집안의 대를 이어야 하는 것이 당연했다. 그런데 룻기는 다른 족보를 언급하고 있다.

이 문제에 대해서 데이비드 애트킨슨이 적절한 설명을 해준다(『작은 여인을 위한 크신 하나님』, 기독지혜사 펴냄, 180쪽, 187쪽, 193쪽). 라울리(H. H. Rowley, 『The Faith of Israel』, SCM Press, 1956)를 인용하여 애트킨슨은 보아스가 독신이거나 홀아비였을 것으로 보았다. 또한 자녀가 없다고 보는 것이 타당하다고 생각했다. 그래서 보아스가 계대결혼의 의무를 다하는 한편 그 이상의 목적을 가지고 있었다고 보았다. 보아스가 룻을 정식 아내로 맞아들이려고 했다고 본다. 그래서 보아스와 룻은 보통의 계대결혼을 하는 사람들이 결혼식을 하지 않는 것과(유다와 다말의 경우처럼) 달리 공식적으로 결혼식을 했다고 본다. 실제로 성문에 있던 백성과 장로들이 '라헬과 레아, 유다와 다말, 베레스'와 같은 보아스 집안의 계보에 속한 사람들의 이름을 거명한다.

마치 일종의 '결혼식 축사'를 하고 있는 것처럼 보인다(4:11-12).

따라서 보아스가 룻을 통해 낳은 아들 오벳은 엘리멜렉의 상속자일뿐만 아니라 보아스의 아들이 되었다. 오벳은 엘리멜렉의 상속자가 되어 대가 끊어지고 토지를 잃은 가정의 소망이 되었다. 또한 동시에 오벳은 유다 지파 보아스의 아들로서 인류를 구속하는 메시아 왕의 조상이 되어 하나님의 뜻을 성취하게 되었다. 오벳의 이름이 '섬기는 자', 즉 '종과 경배자'의 뜻을 가지고 있으니 오벳의 오묘한 이중적인 정체를 잘 보여준다. 사람의 계보와 하나님의 계보를 동시에 섬기는 종이 바로 오벳이었다.

이 계보를 조금 더 위로 거슬러 올라가 자세히 살펴보자. 아브라함 때부터 이어온 이스라엘 족장의 계보는 이삭으로 이어지고 야곱으로 이어졌다. 야곱의 열두 아들들 중에서 유다가 다말이라는 가나안 여인이자 며느리인 여인에게서 베레스를 낳았고, 베레스의 계보 중 나손은 보아스의 아버지인 살몬을 낳았다. 살몬은 여리고 출신 기생 라합과 결혼하여 보아스를 낳았다. 그리고 보아스는 룻에게서 오벳을 낳고, 오벳이 이새를 낳고, 이새가 다윗을 낳은 것이다. 다윗은 밧세바라는 여인에게서 솔로몬을 낳게 된다.

이 왕족의 계보는 결국 예수 그리스도까지 이어진다. 예수님이 아브라함과 다윗의 가계를 이어온 요셉의 가정에서 태어나시니 인간적이고 법적인 가계가 예수님까지 이어진다. 다윗 왕까지 이어지는 가계를 룻기가 기록한 것은 그래서 의미 있다. 결국 세상의 구주 되시는 예수 그리스도의 가계까지 이어지는 놀라운 역사를 우리가 볼 수 있다. 메시아이신 예수 그리스도와 연관되는 룻기의 중요성이 바로 여기에 있다.

그런데 이미 앞에서도 보았듯이 룻까지 이어오고, 또한 다윗이 솔로몬을 낳는 과정에서도 볼 수 있는 이 가계의 평범하지 않은 특징이 있다. 이방 여인이 많이 등장한다는 점이다. 그리고 정상적이지 못한 부적절한 관계를 통해서 가계가 이어지고 있다는 점도 특별하게 눈에 띈다. 일반적으로 히브리인의 계보에는 여자의 이름이 포함되지 않는다. 부계의 이름만 언급된다. 그런데 이 계보에는 관습을 깨고 여자의 이름이 언급되고 있다. 또한 그 네 명의 여자의 이름은 하나같이 부적절한 관계를 보여준다. 이방 여인들이거나 인륜에 어긋나는 관계를 통해 자녀를 낳았다.

유다는 며느리 다말과 관계하여 베레스를 낳았고, 보아스의 어머니로 족보에 나타나는 라합은 가나안 땅 여리고 성에 살던 기생이었다. 룻은 모압 여인으로 과부였다. 다윗 왕은 부하 장수의 아내였던 밧세바를 통해 솔로몬을 낳았다. 이 계보에 등장하는 여인들은 칭찬받을 만해서 관례를 깨고 계보에 이름을 올린 특별한 여인들이 아니었다. 죄 없으신 예수님이 태어나는 인간의 가계에 죄악이 가득한 사람이 여럿 등장하는 이런 아이러니를 어떻게 이해할 수 있을까? 왜 이런 자랑스럽지도 않고 감추고 싶은 이야기를 공론화했을까?

이것이 바로 복음의 핵심을 보여준다. 예수 그리스도까지 이른 계보는 거짓이 없는 진실이다. 역사적 사실을 가감 없이 그대로 기록했다. 인간의 가계에 완벽한 계승이 가능한가? 자연적인 상태에서 결혼한 부부들 중 10퍼센트 이상은 불임인 현실을 생각해보라. 그리고 아들 없이 딸만 있는 가정을 생각해보면 순수한 혈통은 몇 대만 이어져도 유지되기 힘들다. 인간의 탐욕과 실수투성이인 존재 성을 생각해보아도 인간 사회에는 5대만 넘어가면 순수한 혈통을 유지한다는 것이 쉽지 않다. 우리가 TV 드라마에서 흔히 볼 수 있는 출생의 비밀을 연상해보면 된다. 예수님의 가계가 바로 그런 보통 인간들의 가정사를 잘 보여준다. 왜곡이나 거짓이 하나도 없이 사실 그대로 기록된 족보이다.

그런데 그것이 바로 은혜이고 복음이다. 당시에 소외되고 외면 당하던 이방 여인들이 메시아의 가계에 편입되고, 부적절한 관계를 통해 태어난 아이들도 자녀로 인정받았다. 그들이 가계를 이어가고 있다면 죄인인 나도 가능성이 있는 것 아닌가? 이런 놀라운 하나님 의 은혜가 바로 그리스도 계보의 특징이다. 이런 계보의 특징을 이 해할 수 있어야 한다. 인간을 가장 잘 이해하시는 하나님이 인간의 가장 연약한 가계를 통해 예수님이 법적 출생을 하게 하심으로써 은 혜의 외연을 넓히셨다.

죄인들이 그리스도의 조상 중에 그렇게 자주 들어 있다면 그의 후손인 우리 같은 죄인들도 설 자리가 있다는 바로 그 복음이다. 이 계보의 존재 자체가 장차 예수 그리스도의 복음 전파가 유대인만이 아닌 이방인들, 의인만이 아닌 죄인들을 향해 나아갈 것을 미리 보 여주고 있다. 이런 복음으로 바로 우리도 구원을 얻었다. 할렐루야!

계속 그 이야기를
누가 이어가는가

──────────── 룻기의 마지막 부분은 이렇게 마친다. "오벳은 이 새를 낳고 이새는 다윗을 낳았더라"(4:22). '아하, 이 이야기는 룻이 다윗 왕의 증조할머니라는 말이구나!'라고 생각한다면 당연한 반응이라고 할 수 있다. 룻기가 쓰였을 때 이 책을 본 사람들도 그렇게 반응했을 테다.

그런데 그것으로 끝인가? 이 아름다운 룻기의 이야기가 그렇게 과거의 역사이기만 하면 되겠는가? 룻기의 이야기는 오늘 나와 어떤 관계가 있는가? 이것을 깨닫는 일이 중요하다. 룻기의 위대한 구원의 역사는 오늘도 이어져야 한다. 바로 내가 계속 그 구원의 역사를 이어가야 한다. 그런 의미에서 룻기의 위대한 구원의 역사, 평범한 일상의 나날은 또 다른 일상과 역사의 출발점이다.

중요한 사실은 룻이 일상을 팽개치고 기적만 바라지 않았다는 점이다. 하나님의 은혜와 섭리가 분명했지만 룻은 그저 주어진 일상을 묵묵하게 살아갔다. 룻기에서 하나님은 오늘 나도 경험할 수 있는 한 가정의 일상생활 속에서 평범한 사건들을 진행하며 하나님의 계획에 따라 룻과 사람들에게 역사하셨다. 우리도 오늘 평범한 일상 속에서 비범한 하나님의 섭리와 계획을 배울 수 있어야 한다.

베스트셀러 작가 스티븐 코비 박사가 「소중한 것을 먼저 하라」(김영사 펴냄, 21-22쪽)에서 딸 마리아와 나누었던 대화를 소개한다. 마리아가 셋째 아이를 낳고 아버지인 코비 박사를 만나서 속상함을 토로

했다. 자신은 아이를 정말 사랑하지만 아이가 자신의 모든 시간을 빼앗아가고 있어 아무것도 할 수 없다고 안타까워했다. 이야기를 듣고 있던 코비 박사가 이렇게 말해준다. "그냥 마음을 편히 가져. 편안한 마음으로 이 새로 태어난 아기와 즐겁게 지내. 네가 엄마가 돼서 기쁘다는 걸 아기도 느끼도록 해줘. 아무도 너만큼 이 아이를 사랑하고 보살필 수는 없을 거야. 지금으로서는 너한테 이 일만큼 소중한 게 달리 없어."

코비 박사는 딸에게 지금 네 인생에서 가장 소중한 것은 아기라고 하면서 내면의 나침반을 따르라고 했다. 벽에 걸린 시계는 신경 쓰지 말라고 적절한 충고를 했다. 이 이야기는 현재 하는 일, 일상의 중요성을 강조하기도 하지만 오늘 나를 향한 하나님의 뜻과 계획에 우리가 수긍해야 함도 알려준다.

구약성경의 다섯 번째 책인 신명기는 이스라엘 백성들이 가나안 땅에 들어가기 전 율법의 말씀을 다시 교육한 내용을 담고 있다. 그 대상은 광야 시절을 거친 신세대 백성들이었다. 가데스 바네아에서 열 명의 정탐꾼들에게 동조한 20세 이상의 기성세대가 아니라 20세 이하였던 백성들과 광야생활 40년 동안에 태어난 백성들이었다. 그들을 대상으로 모세가 율법을 재교육시키면서 잘 듣고 배우고 지켜 행하라고 했다(신 5:1). 그리고 이렇게 말했다. "우리 하나님 여호와께서 호렙 산에서 우리와 언약을 세우셨나니 이 언약은 여호와께서 우리 조상들과 세우신 것이 아니요 오늘 여기 살아 있는 우리 곧 우리와 세우신 것이라"(신 5:2-3).

분명히 호렙 산에서 하나님은 당시 이스라엘 백성들과 언약을 맺으셨다. 현재 모압 평지에 있는 백성들의 부모 세대였다. 그런데 모세는 부모 세대 사람들과 언약을 세우신 것이 아니라 "오늘 여기 살아 있는 우리 곧 우리와 세우신 것"이라고 강조하여 가르치고 있다. 모세의 이 말은 신세대 백성들의 부모 세대와는 언약을 맺지 않았다는 뜻이 아니다. 언약의 계승을 강조하고, 당시의 젊은 백성들이 언약의 현장에 있지 않았다고 언약을 회피해서는 안 된다는 강력한 당부를 담고 있다. 이렇게 하나님의 언약은 계승되어야 마땅하다. 바로 오늘 내가 계속 이어가야만 한다.

　　영화 〈반지의 제왕〉 시리즈는 절대반지를 불의 산에서 파괴하기 위해 떠난 반지원정대원과 여러 협력자들이 보여주는 아름다운 미덕들을 잘 표현하고 있다. 희생과 용기와 사랑과 우정, 협력의 미덕들이다. 방금 생애 최대의 전투를 치러 겨우 승리했지만 그들은 완전히 지쳐버렸다. 그런데 프로도가 불의 산에 도착한 후 사우론의 눈을 피할 수 있도록 군대를 교란시키는 전투에 사람들은 다시 한번 목숨을 건다. 그들의 희생과 우정을 통해 프로도는 마침내 사명을 완수할 수 있었다. 이런 기적적인 도움의 손길들이 곳곳에서 꼭 필요한 때마다 나타나서 결국 프로도는 원정을 성공할 수 있었다.

　　그런데 그들의 이야기가 어떻게 결말이 지어지는가? 시리즈 3편 〈반지의 제왕 : 왕의 귀환〉(The Lord Of The Rings : The Return Of The King, 피터 잭슨 감독, 2003)에서 다룬다. 반지원정대의 사명을 완수하고 돌아온 후 3년이 지났을 때 프로도는 다시금 악한 세력이 준동하는 낌새를 느꼈고, 그들을 물리치기 위한 사명감으로 다시 원정길에 올랐다. 프로도가 어느 날 편지를 보내온다. 고향 마을 샤이어의 시장이 된 동료이자 정원사였던 샘에게 보낸 편지이다. 프로도가 샘에게 이렇게 말한다.

"너의 이야기를 이어가길 바래."

샘은 저녁에 가족들이 있는 집으로 퇴근하여 아내와 아이들을 안아주고 입 맞춘다. 영화는 바로 그 일상의 삶, 출근하고 퇴근하며 별다른 일이 없어 보이는 나날들을 이어가는 일이 중요함을 강조하면서 엔딩 자막이 올라간다.

룻기에서는 지금까지 우리가 보아온 대로 멋진 일상의 아름다운 일들이 벌어졌다. "마침" "우연히" 이루어진 것 같은 그 일들은 모두 하나님의 섭리요 경륜이었다. 로마서 8장 28절의 말씀이 룻기를 잘 표현한다. "하나님을 사랑하는 자 곧 그의 뜻대로 부르심을 입은 자들에게는 모든 것이 합력하여 선을 이루느니라." 세렌디피티는 우연하게 찾은 행운 같지만 사실은 하나님의 은혜와 섭리에 대해 우리 인간이 표현할 수 있는 제한된 반응이다.

이제 우리도 룻의 이야기를 계속 해나가기 위해 주목해야 한다. 창가의 나무와 산과 숲을 바라보라. 가정과 일터와 교회와 세상 속 삶의 자리, 그 속의 일상을 놓치지 말아야 한다. 일상의 순간순간에 의미를 부여할 수 있다. 그 일상이 귀하다. 한순간도 놓쳐서는 안 된다. 시선을 들어 영원하신 하나님을 바라볼 수 있어야 한다. 하나님의 역사를 바라볼 수 있는 언덕 위에 올라서라. 그리고 바라보라. 오늘도 계속 이어가시는 하나님의 영원한 구속의 역사를 바라볼 수 있는 안목을 키워야 한다. 오늘 우리에게 일어나는 바로 그 일상이 하나님의 나라를 세워가는 귀한 역사적인 자료들이다.

룻기를 보면 하나님의 구속 역사가 룻과 보아스와 나오미라는 사사시대 사람들의 평범한 일상에 개입했다. 마찬가지로 우리의 일상도 구원의 역사가 된다. 우리는 계승을 통해서 오늘 우리에게 주어진 구원을 완성한다. 따라서 하나님의 나라를 세워가는 우리 나름의 몸짓을 결코 포기해서는 안 된다.

룻기를 읽은 사람들은 오벳의 손자인 다윗 왕의 탄생을 룻기의 결론으로 삼으면서, 결국 다윗의 후손으로 태어날 메시아 예수님을 기다렸다. 우리도 기다린다. 재림하실 우리의 왕, 온 세상의 심판주로 오실 예수 그리스도의 재림을 오늘도 기다린다. 룻기를 읽은 사람들의 기다림과 우리의 기다림은 다르지 않다.

그래서 오늘 우리가 살아가는 일상이 중요하다. 우리가 우리의 가정과 일터와 세상에서 오늘도 살아가는 그 삶을 통해 결국 우리의 유산을 계속 이어간다. 이 유산은 다른 사람이 아닌 바로 내가 계속 이어나가야 한다. 이런 놀라운 은혜가 바로 오늘 우리를 향한 하나님의 섭리이다. 하나님의 섭리와 경륜을 고백하며 베들레헴 들녘 보리밭에 서 있는 여인 룻이 전하는 귀한 유산을 우리도 누리면서 우리 후배들에게 전해주어야 한다.